【民间学者齐献策】

草野集

中国经济再出发

主编 余云辉

新华出版社

图书在版编目（CIP）数据

草野集：中国经济再出发 / 余云辉编著.
北京：新华出版社, 2016.11
ISBN 978-7-5166-2979-6

Ⅰ.①草… Ⅱ.①余… Ⅲ.①中国经济－文集 Ⅳ.①F12-53

中国版本图书馆CIP数据核字(2016)第278447号

草野集：中国经济再出发

编　　著：余云辉

责任编辑：林郁郁　　　　　　　　　　**责任印制：**廖成华
封面设计：臻美书装

出版发行：新华出版社
地　　址：北京石景山区京原路8号　　　　**邮　　编：**100040
网　　址：http://www.xinhuapub.com
经　　销：新华书店
购书热线：010－63077122　　　　　　**中国新闻书店购书热线：**010－63072012

照　　排：臻美书装
印　　刷：北京明恒达印务有限公司
成品尺寸：170mm×240mm
印　　张：15.25　　　　　　　　**字　　数：**170千字
版　　次：2016年11月第一版　　　　**印　　次：**2016年11月第一次印刷
书　　号：ISBN 978-7-5166-2979-6
定　　价：32.00元

编 委 会

主编：余云辉

编委：郎　洌　曾　俊　林子浩

目 录
CONTENTS

理论与展望

前　言

理上网来，渐成治国理政新平台

姚卜成／文

"知屋漏者在宇下，知政失者在草野"——这是习近平总书记多次引用的古语。

习总书记说，网络就是草野，网民就是草根。网民来自老百姓，老百姓上了网，民意也就上了网。各级党政机关和领导干部要学会通过网络走群众路线，经常上网看看，了解群众所思所愿，收集好想法好建议，积极回应网民关切、解疑释惑。（4月20日人民网）

根据CNNIC发布的第38次调查报告，截至2016年6月，我国网民规模达7.1亿。网络，已渗透到经济、社会、民生、政治、文化各个领域。中国，从来没有出现过像今天这样的政治生态——参政者未必居庙堂，如被誉为"最美洗脚妹"的全国人大代表刘丽；知政者也未必在草野，如知名网络大V"御史在途"就官居湖南省纪委预防腐败室副主任。互联网带来空前的跨界与分享的机会，让行政者、参政者、知政者都可以对各项国家治理提出自己的见解。

这种趋势在不断扩大并汇集成一股强大的力量，对反腐、立法、司法工作发挥着越来越多的影响力。在过去的几年间，中国网民双规了周久耕、拿下了雷政富、废除了劳动教养制度、促成了网络约车合法化的政策出台，参与了国家税收政策改革、中国慈善法的立法工作。

而中国政府，也以海纳百川之姿全面拥抱互联网，提出要"全面实行政务公开，推广电子政务和网上办事。"可以说，网民的权利意识和参与热情不断高涨，重铸了传统社会权力结构的变迁。网络不但已成为群众反映诉求、表达意见的重要平台，也是各级党委政府收集社情民意、联系服务群众的重要渠道。

在互联网时代，民意将成为国家制定各项政策的重要信息参考。民意在网络上的爱憎分明，甚至一些网络热词的本身就是在表达着鲜明的时代文化。如"习大大"这一广泛流传的称呼背后，是沉甸甸的民意。在互联网＋的时代，这是亿万人民群众对习总书记那种亲们爱民精神的高度认同。

但毋庸讳言，网络声音不可能完全被决策者吸纳，事实上，求全也是不现实的。这一方面是因为网络民意的本身就鱼龙混杂，有一部分是非理性的；另一方面，声音的吸纳也总会囿于各种主客观条件，条件未成熟，难以强求。但很多政策、立法的制定在大范围地征求网民意见，这种互联网＋公共政策制定的互动已经渐渐成为趋势。毫无疑问，这将能更有效地促进不同利益群体的妥善协调，推动公共政策的公开、公平、公正。

波澜壮阔的社会主义改革是人民群众自己的事业，伟大的中国梦是我们每一个中国人的梦。人民生活水平的提高，人民参与各项改革的热情，就表明了人民既是改革的直接受益者，又是改革的主要推动者。

梳理各种政策及网络平台，会发现"理上网来"已经成为本届政府治国理政的新平台。尤其是自十八大以来，中央在反腐、立法等各项公共政策制定都是在吸取民意，这不但激发了人民自觉认同、积极支持和热情参与，反而转化成革故鼎新的伟大力量。

（姚卜成，原中国财富杂志编辑部主任、中国扶贫杂志副总编辑。现供职于新华社瞭望新闻周刊。）

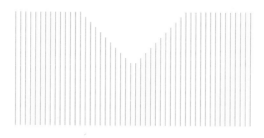

宏观经济

资本的终结：一个时代正在落幕

——评《资本的终结：21 世纪大众政治经济学》

卢映西 / 文

十几年前，根本没人听说过"量化宽松""负利率"，甚至连"零利率"都是新鲜事，但如今，这些非常规货币政策工具已经成为世界主要央行须臾不可或缺的选项。然而，几近疯狂的货币政策，却一直无法令世界经济强劲增长。我们正在经历的，是历史上所有经济危机爆发以后最缓慢和最乏力的一次复苏。看来，这一次真的不一样。

改革开放后连续多年高增长、2008 年全球遍地哀鸿时仍能一枝独秀的中国经济，这一次也效仿发达国家搞货币宽松。这世界究竟怎么了？在这举世迷茫的时刻，有一本书来得恰到好处，这就是由李民骐、张耀祖、许准和齐昊等海内外学者合著的《资本的终结：21 世纪大众政治经济学》（以下简称《资本的终结》，凡引该书内容只注页码）。这是一本立足当代现实、弘扬马克思主义政治经济学的著作，深入浅出地勾画了资本主义的整个生命历程："资本主义制度从 16 世纪在欧洲起源，19 世纪称霸全世界，到了 21 世纪，已经开始走进历史的死胡同了。"（第 201 页）资本主义目前的"这一次"到底怎么不一样？《资本的终结》明确告诉大家，这一次是资本主义的终场演出，没有续集！

资本主义必亡是马克思的著名论断，曾经像幽灵一样在欧洲飘荡，也曾经像飓风一样横扫全球。可是随着世界各国加入迅猛发展的全球化进程，这论断似乎再次沦为无家可归的幽灵。今天，如同《资本的终结》的作者一样，至少在一部分先进知识分子眼里，马克思的论断终于等来了实践的最终确认。

在资本主义似乎取得了世界范围的压倒性胜利之后，要论证资本主义实际上正行将就木，当然不能靠喊口号。《资本的终结》在理论上的一个突出特色，就是强调了生产过剩在资本主义发展过程中的作用，明确指出："资产阶级建立起来的经济制度，一方面是物质的极大丰富，另一方面却在生产着贫困，并且这种贫困竟然是由生产过剩本身产生的。"（第6页）

贫困不是源于生产不足，而是源于生产过剩，这是一个极其深刻的洞见。在现代市场经济中，一般人都是通过就业取得收入的，但由于生产过剩，失业就成了一个挥之不去的梦魇，不但制造绝对贫困（无收入），也制造相对贫困（收入相对减少）。"工人的工资首先取决于劳动力市场的供求。……用马克思的话说，工人在劳动力市场上谈判力量的大小，首先取决于'产业后备军'（也就是失业和半失业工人）的多少。"（第79页）在马克思的时代，贫富分化主要发生在资本家和工人之间，到今天，已经发展到1%和99%的对峙了。然而当今社会上的主流看法，依然以为贫困源于生产不足！这就是观念上先进与落后的差距。

生产过剩造成的贫富分化，不仅在一国之内形成一个金字塔形的社会结构，而且同样在国际形成一个由中心地区和外围或半外围地区构成的"支配—依附"型结构。目前国内正热议中国梦，热议中国能否跨越中等收入陷阱，对这些问题，《资本的终结》也给出了斩钉截铁的回答："世界资本主义体系在本质上就是中心地区的少数人占有外围和半外围地区多数人的劳动。如果中心地区变成了由多数人组成，也就不成其为中心地区了。中国巨大的人口和劳动力规模决定了如果按照现有的发展模式，中国永远不可能成为世界资本主义体系的中心地区。"（第182页）这正是《资本的终结》的独特风格：不掉书袋，只讲常识，让所有违背常识的"宏大叙事"相形见绌。

马克思发现，资本主义先进的一面是解放了生产力，但另一方面，资本主义生产关系本身不但驾驭不了解放出来的生产力，反而成为生产力进一步解放的桎梏。生产力与生产关系矛盾的外在表现正是生产过剩。由于生产过剩，过剩的生产能力必然要寻求宣泄出口，从而造就了资本主义不同于其他社会形态的特点。例如，"与以往的一切经济制度都不一样，对经济增长的无限追求是资本主义制度一个最基本的特点。"（第36页）一国的市场当然不可能容纳得下无限增长的GDP，于是资本主义必然要走向全球化，"世界资本主义体系的本性就是不断扩张"。（第51页）

中国曾是资本主义扩张的受害者之一。清朝与英国之间的鸦片战争（第57页），现在一般都作为"落后就要挨打"的例证。这种看法可能失之肤浅。从马克思主义政治经济学的角度看，鸦片战争其实是两个病人之间的战争——"东亚病夫"对"英国病人"。清朝患的是常见的老年病，英国患的是一种新型疾病，症状是不扩张就要死。英国军队不远万里到中国打仗，不为占地盘，也不为抢财物，只为逼迫对方开门做生意，这是传统智慧理解不了的。只有明白了资本主义不扩张就要死，才能抓住这种具有鲜明资本主义特色的新型战争的本质。

当时的中国自恃"天朝上国",面对远方"蛮夷"的挑衅,还要打一下才认输。同一时期的日本,连打一下的底气都没有。1853 年,美国海军将领马休·佩里率领四艘黑乎乎的军舰到达日本,要求开放贸易,否则就要开炮。日本人一看,就知道自己那些只会舞刀弄剑的武士根本不是对手,只好乖乖地打开了门户。

在资本主义早期扩张阶段,老牌资本主义国家就是这样倚仗坚船利炮向其他国家强行推销自己的"普世价值",逐渐形成一个由中心、外围和半外围地区构成的世界资本主义体系。那些外围和半外围地区引进了资本主义制度之后,自然也会产生贸易扩张的要求,于是渐渐形成了由外围和半外围向中心反向扩张的潮流。反向扩张的武器当然不可能是坚船利炮,而是"向底线竞赛"。"'向底线竞赛'的意思是,在新自由主义时代,广大的外围国家和半外围国家为了相互竞争在世界市场上的地位,竞相压低劳动者的工资,竞相取消各种政府管制,竞相为跨国公司提供低廉的资源,任由资本家剥削工人、破坏环境。"(第 118 页)

资本主义不增长就死、不扩张就亡的本性,使得生态平衡根本就是个可望而不可即的幻想。"生态可持续性要求人类生产和消费活动所产生的各方面环境影响都必须限制在一定数量以内。但是,在资本主义条件下,人类总的经济产值不断增加。"(第 209 页)换言之,资本主义的发展除了马克思早已论证的制度瓶颈之外,现在又逼近了生态资源的天花板。生产过剩之所以成为问题,是因为 1% 与 99% 的两极分化。生态破坏和资源枯竭之所以成为问题,是因为异化的资本俨然成了人类社会的最高主宰,现世的财富已经难填欲壑,还要把疯狂的黑手伸向子孙后代。所以,悖逆天理人伦的资本主义,不但非死不可,而且早死早好。

当然，资本主义是骂不死的，好在它会自己找死。资本主义在其发展过程中，已经经历过多次大危机，但每次都能起死回生。然而这一次的确不同。这一次，资本主义全球化已经完成，资本扩张的触须已经伸进地球的每一个有利可图的角落，经济已经增无可增，市场已经扩无可扩。正如本文开头提到的种种乱象所揭示的，资本主义实际上已经进入濒死状态，一切作为都只是本能而徒劳的挣扎。地球人即将见证的是，一个曾经如日中天的社会形态，竟然会被自身过剩的生产能力活活憋死！

不久以前，资本主义阵营曾兵不血刃地取得冷战的完胜。谁知就在很多人都误将回光返照当成历史的终结时，资本主义世界又犯了经济危机的老毛病，缠绵病榻近十年仍未见好。是否还有救？这个问题对一般人来说，可能要多年后才会看清，《资本的终结》现在就来揭开谜底，确实有点振聋发聩。更大的麻烦还在于，这本书会让人们蓦然惊觉，原来我们正处于资本主义即将失败，未来的世界是什么样，完全没有现成的答案！不过，这正是此书浅易行文风格背后蕴含的深意：只有认清我们面对的困境，才有可能丢掉幻想，重新上路。

（卢映西：女，1963生，江苏扬州人，南京财经大学经济学院副教授。研究方向为政治经济学和经济思想史，以颠覆西方主流经济学为己任。）

中国工业化远未完成——还在路上

江涌 / 文

鸦片战争，警醒了中国一批有识之士。自那时起，中国就有了工业化的尝试——洋务运动。然而，甲午战争，让中国的工业化强国梦灰飞烟灭。辛亥革命后的旧中国，是一个半殖民地半封建经济，战乱频仍，列强当道，买办横行。实际控制中国的英美资本不允许中国搞真正的工业化，而依托江浙沪地主买办的国民党政权，热衷倒卖资源、充当国际资本代理，对中国的工业化没有一丝兴趣。"中华民国"的财政部长宋子文公开说：外国进口的盘尼西林（青霉素）用都用不完，中国何必要自己生产。农业国及农业文明与工业国及工业文明的差异，是人多地广的中国在军事上不是人少地狭的日本对手的主要原因。中国的工业化真正起始于新中国。新中国的经济基础十分薄弱，可谓一穷二白。"我们一为'穷'，二为'白'。'穷'就是没有多少工业，农业也不发达。'白'就是一张白纸，文化水平、科学水平都不高。"[①]

中国的工业化成就有量乏质

历史上，成功经历工业革命的国家，都能达到当时技术要求所能达到的制造巅峰。第一次工业革命是以使用蒸汽机动力为主要标志的，到 19 世纪中后期，当时最复杂的工业产品应当是铁甲舰。一条铁甲舰有几十万个零部件，能制造铁甲舰的国家，就是那个时代的工业化国家。而能制造最好的铁甲舰，意味着经历了最成功的工业革命，英国显然当之无愧。

第二次工业革命是以使用内燃机与电动机动力为主要标志的，能够制造汽车而后是飞机的国家，就是成功工业化国家。经由第二次工业革命的洗礼，德国能够制造出世界上最好的汽车，美国能够制造出世界上最好的飞机，德国、美国拥有世界上最发达的制造业，成为第二次工业革命的翘楚，成为世界经济的领头羊。

以电子计算机为代表的第三次工业革命出现后，大型客机成为当今最复杂的工业产品，其设计制造需要百万以上的零部件，当今世界，有且只有被舆论炒作"去工业化"的美欧，能够制造"波音"与"空中客车"。德法则是汇全欧洲制造之精华方可与美国相匹敌，日本等工业化强国难以望其项背，这表明美德法依然是当今世界最强的工业化国家，代表着当今世界最高的工业水准。

然而，作为新兴"世界工厂"的中国，迄今为止，飞翔在中国领空，抑或涂上"中国XX航空公司"名称的大飞机，都不是中国自己制造的。中国是当今世界生产、消费汽车最多的国家，但迄今也不能制造出世界最好的汽车，甚至高档一点的汽车的发动机与关键零部件都要进口。作为新的"世界工厂"[②]，中国的人均工业产值不到美国的 1/10，世界对"中国制造"毁誉参半，中国对自己的"世界工厂"地位也褒贬不一，更没有取得过去英美日在科技、管理上取得的标志性成就。在国际金融危机冲击下，世界经济低迷，全球保护主义甚嚣尘上，贸易摩擦纷至沓来，"中国制造"终结了无止境的扩张，企业产能严重过剩，"世界工厂"正面临由毛虫到蝴蝶的痛苦蜕变。很显然，今日中国虽有"世界工厂"之名，却无昔日"世界工厂"之实，中国的工业化道路依然漫漫修远。

中国工业化的高昂成本

西方国家的工业化基本上都是在廉价资源能源、忽略不计的环境成本、零负担的企业社会道德责任的基础上实现的，殖民地与海外市场广阔，国际竞争对手有限，占尽了天时、地利与"人和"。当中国在改革开放后启动新一轮工业化进程时，调整了工业化方向，由独立自主的重化制造，调整为承接国际分工的加工制造，这种"两头在外"的发展模式，不断增加中国对国际资源、国际市场的依赖。然而，国际资源、国际市场的话语权与定价权牢牢掌握在西方垄断资本手中，"中国的刚需"则使得能源、资源价格被炒到了天价。多年来，"买什么，什么就昂贵；卖什么，什么就便宜"成为中国参与国际经济的生动写照。进口铁矿石——典型普通资源——付出战略资源价，而地道的战略资源——稀土——却长期卖出粪土价，普通资源都谈不上。过去十年，中国为铁矿石、石油等资源能源多支付万亿美元。正是由于国际垄断的寄生与敲诈，中国工业化的负荷极为沉重。

在采购成本高企、销售利润微薄的情势下，中国企业的成本控制只能更多地向外部溢出，于是环境污染日趋严重，工人工资长期停滞，大众权利不断被突破底线、红线。

多年来，中国的廉价储蓄被外资、金融资本占有，并以之侵占、剥夺中国企业的利润，工业企业的发展生存环境不断恶化。很难想象，作为世界最勤劳节俭、有着最高储蓄率的国家，中国的实际融资成本长期处于世界最高行列，不少企业纷纷弃实务虚，转向金融地产投机，如此国民经济面临去工业化、泡沫化的危险境地。

脆弱的中国工业化

苏联是中国工业化的母体。20世纪50年代，苏联给中国20亿美元的低息贷款，其中价值4亿美元的武器用于巩固国防，其余资金则用于包括156个工厂的生产设施、技术与服务。以此为基础，中国做了大量艰辛的努力——包括"三线"工厂建设，由此建立起独立的工业体系。倘若这个工业体系能够持续完善、精心培育，未尝不能成长为完整、强健的工业体系，使中国成为新型工业化国家。然而，这个工业体系缺乏关键的技术自主创新、产业自我升级换代的中国化，因而也就没有内生于中国经济与社会，如此中国在高精尖上与先进工业国还存在较大差距。

改革开放后，中国的工业化发展历程有新的大的调整，即把轻工业放在工业化的突出位置，而且主要是通过资金、技术与管理的引进——引进——再引进（而不是类似日韩的引进——消化吸收——创新）的方式，建立起无所不包、无所不能的生产（加工组装）轻工业体系，在服装鞋帽等越来越多的低附加值产品上赢得了"第一生产大国"的头衔，"世界工厂"的名声日益响亮。改革开放30年间，中国的工业产能占世界总量的比例由7%，上升到20%，如今接近40%。然而，与英国、美国、德国、日本等昔日"世界工厂"不同的是，中国的工厂集中在低技术、低附加值及高消耗、高污染的工业制造。诸多高端制造、重要制造越来越牢靠地掌握在西方垄断资本手中。1000个低端制造可以实现 1 个高端制造的利润，但是 1000 个低端制造绝不会等同于 1 个高端制造。

通过引进——引进——再引进，中国工业化的结果出现了"两头重大"（基础性如水泥钢铁，加工业如服装鞋帽）、"中间薄弱"（关键零部件、重要原材料）的状况，即"头重脚重腰板软"。近年来，由于金融危机的冲击，国内产生升级，外需急剧萎缩，以基础工业、加工业为主导的实体经济出现了停滞乃至萎缩态势；与此同时，以金融、保险和房地产（FIRE）为代表的虚拟经济欣欣向荣，国民经济"虚热实冷"日趋明显。"两头在外"的发展战略面临的国际压力越来越大，因为资源与市场的定价权不在我们手里，由此国际垄断资本肆意敲我们的竹杠、盘剥我们。此外，货品尤其是能源的海上运输要道，处在美军基地的掌控之下。未来倘若相关地区出现急剧动荡，抑或中国与美国或其盟国交恶，中国的商业通道面临中断的危险。如此，中国的一半工业会陷入危机——一半原油依赖进口。由此可见，中国的工业化所取得的进展相当脆弱。

社会主义建设时期，嫁接苏联工业化，苏联是真心的、舍得的，156 个项目的工业化水准与苏联是同步的。改革开放后，中国工业化进程与美国"去工业化"进程总体是一致的，即中国"引进来"与美国"走出去"是相辅相成的。但是，我们引进的设备是美国等西方的过剩产能，引进的生产技术是美国技术生命周期的衰退阶段，引进的加工制造是美国国际产业布局（国际分工）的一个环节，引进搭建的整个轻工业体系是美国主导的国际经济体系的一个组成部分。中国的工业化负责日用品生产，并为美国的资金需要提供积累。深入细致分析发现，这种安排，很多是通过"智能帝国主义"手段、国际分工的旧秩序而实现的。所谓帝国体系，就是掌控金融与海权，迫使他国（殖民地）为自己提供物资的制度安排。在这个过程中，帝国起先积极发展工业夺取霸权，然后放弃工业，依靠剥削他国享受好日子。西班牙、英国、美国，都在取得帝国霸权之后经历了"去工业化"过程。至于美国，虽没有帝国之名，却拥有帝国之实。

中国参与美国主导的国际分工体系，实际则是严重依附美国主导的国际经济体系。以庞大的日用品制造能力、主导权多半掌控在国际垄断资本手中为特征的中国工业化，支撑了美元，为美元随意、肆意印制发行提供担保，中国（工业）制造——美国（金融）消费。美元是美国体系的核心，美元霸权是美国的核心利益，人民币真正走向国际化必然会否定美元的核心，侵蚀美国的核心利益，而且能为中国独立自主的工业化提供屏障，因此美国不允许中国推动人民币真正走向国际化。

"时间"标准显示：中国的工业化仍在路上

工业化国家、工业社会发展的一个重要尺度，就是时间概念、效率概念。"工业国比农业国总是更懂得爱惜时间……要衡量一个国家的文化程度和劳动力的价值，可以从它对时间重视的程度来看，再也没有比这个更准确的标准了。一个蛮族中的野蛮人，会整天躺在茅屋里虚度光阴。一个放羊的，整天只是靠了一支笛子，靠了睡觉，来勉强度过他的生活，时间在他简直是一个负担，叫他又怎样懂得光阴可贵呢？一个奴隶、农奴或小农，他的劳动是在强迫下执行的，对他来说，劳动是惩罚，偷懒是收益，这又叫他怎样能懂得珍惜时间呢？国家只有通过工业才能认识到时间的宝贵。"[③]

新中国建立后，中国嫁接苏联的工业化，由于多种条件限制，仅集中于少数"发达"地区以及少数"中心"城市。改革开放以来，由于承接国际（西方）分工，引进的工业化集中于中国沿海地区。中国的工业化由于主客观原因，时间延续不够长，开展的地域不够广，行业推进不够深入，定价权与关键技术掌握在国际资本手中，这导致东部与中西部、城市与乡村、社会精英与基层群体之间的发展严重失衡，形成诸多被工业化遗忘的大片土地、被传统尘封的大片人群，其重要特征就是，时间观念淡薄，工作效率低下，敷衍塞责，慵懒散漫。因此，依照"时间"所指示的标准：中国的工业化仍在路上。

[①]《毛泽东文集》（第七卷），人民出版社1999年版，第43-44页。
[②]2001年，在日本通产省发表的白皮书中，中国已经成为"世界工厂"被第一次提及。
[③]【德】弗里德里希·李斯特著《政治经济学的国民体系》，陈万煦译，商务印书馆1982年版，第197页。

（江涌：安徽无为人，经济学博士、中国现代国际关系研究院经济安全研究中心主任，主要从事经济安全与世界经济理论研究，参加过多项国家重大课题研究，迄今境内外报刊上发表论文近百篇，经济学随笔一百五十余篇，著作五部。新著有《我们的好日子到头了吗》等。）

集体经济：实现中国经济的"国民共进"

白益民 / 文

中国经济的三足鼎立

没有资本的血液，就无法激活中国的经济。中国改革开放初期我们欢迎外资、引进外资，正是因为我们缺少资本，因此当时积极引进外资符合中国当时的国情。

在"一五"时期我国主要以学习苏联为主，形成了高度集中的计划经济体制，主要依靠计划、协作，通过国家行政指导，然后进行生产要素的组合。在这样一个体制中，资本并不自由流动，也就没有发挥太多的作用。

但改革开放以后，这种高度集中的计划经济体制被打破。企业在市场运作时就需要大量资本，这样一来，当时积极引进外资的经济政策，对中国的经济起到了激活的作用。

目前，具有中国特色的市场经济格局已经形成。中国市场中三种资本力量共存——国家资本、民营资本、外资。国有资本通过积累、通过垄断、通过国家财政注入成为现在的国家资本；民间资本通过改革开放从无到有，一点点滚动，在市场上竞争，通过自己的劳动不断地积累壮大起来；外国资本海外空降，有技术、有人才、有充裕的现金流；中国市场中，"三国"格局形成。

从计划经济时代基本上完全是国有资本到现在的"三足鼎立"，面对经济新格局，笔者认为，中国的经济战略应该进行调整。

在这种新格局中，三种资本所占地位和特点各不相同。国家资本在重化工业、装备制造、资源等领域占据了重要地位；外国资本更多地集中在商贸、物流，以及新开放的金融领域；相形之下，民间资本发展到现在虽然大但是并不强。

欧美资本以金融资本为主力，所以我们看到了他们在金融服务业占有绝对优势，如投行、四大会计事务所、审计等方面。此外，日韩的产业资本在中国的产业高端领域，如高铁、核电、环境工程、新能源等领域占据了一定的优势，客观上阻挡了中国的产业升级。而与跨国公司外国资本相比，我们的国家资本在全球扩张的核心竞争力、管理水平和经验上还有所欠缺，尚不具备领先优势。

在外国资本在中国国内占据着非常大的优势的前提下，如果我们总是在"国进民退""国退民进"上争论不休，事实上是给外国资本制造了有利的舆论环境，我们被这些问题转移了视线，却忽视了对外资的布防，岂不危矣！

所以笔者认为，国家利益就是全中国人民的共同利益。在《环球财经》2010年以"中国模式3.0之国进民进"为主题的年会中就曾指出，"国进民退"是个伪命题，面对强大的外国资本在中国的布局，我们应形成"民族统一战线"，也就是国家资本和民营资本之间进行合作，实现"国进民进"，共同抵御第三方（外国资本的经济侵略）。

只有这样才能够提升我们的国民收入水平，提升国民的财富；才能够提升我们的产业水平，进行产业升级。否则，如若听从个别专家学者的鼓吹，大搞私有化，我们有可能被"拉美化"，最终经济发展停滞，国民收入不升反降，资源被外国拿走，市场被人拿走，技术没有培育起来，贫富分化、社会动荡，种种社会问题产生。

国民不可分

20 世纪 80 年代邓小平同志访问日本，学习日本进行了部分经济改革。看看日本人，他们就通过财团不但把美国资本排挤出日本，又在 20 世纪七八十年代日本财团打到了美国，打下了东南亚、拉美，这无疑削弱了美国在全球的竞争力。后来韩国也模仿日本，形成财团模式，也把美国的很多东西夺走了。

国企要重新整理思路，不能再跟华尔街跑，应该掌握产业体系，应该更多地学习日本。

现在一些言论，遵循西方价值观，指责国有企业没有效率，占用大量资源云云。但是如果国有企业真正退出了中国经济的舞台，谁会填补这个空缺呢？是民营资本吗？不可能。无论从中国民营资本的凝聚力、管理水平、人才各个方面看，都没有形成那种足以抗衡外国资本的能力，所以一旦国有资本退出，民营资本也会很快被消灭或者被收编，变成外国资本的奴隶。

因此，国有资本不能够退出中国的经济舞台，还要承担中华民族伟大复兴的使命。但是有些国有企业的确也存在着一些问题。其中，笔者认为，应着力于解决国有企业的用人制度（因为所有问题归根结底是人的问题），改革人事制度，使有企业的领导不仅仅是体制内的"领导干部"，同时也是具有中国特色的市场经济体制下合格的"职业经理人"，并将这样的人事安排及培养机制常规化，那么我们的国有企业就有望成为新经济格局下真正具有战斗力的国有企业。

关于私有企业的理解，通常我们认为，某个企业是由某家族或个人创建，即统一定性为私有企业。其实这里有很大的一个误区。

首先我们说私有企业只是从自然人的产权来定义的，我们从它的产权结构能看出来它的股份是由个人持有的，这些股东做小企业或者做到中等规模的时候可能还会以一种自然人股东的形式存在，但是企业做大之后，他靠自然人的力量已经无法维持和驾驭这样的企业，这时新的公司股东或法人股东就进入了。当企业有更多的自然人股东和法人股东加入，形成新的股权结构时，这时候你会发现这个企业已非某一个私人所有，事实上，它已经成为"集体所有制"。

笔者认为，随着这样一个结构的变化，我们对这类企业的定性，不能简单地称为"私有"，而应该称为"民有"。但是要上升为"民有"这个概念，无论在企业治理结构，还是在文化层面、职业经理人的激励机制等方面，都需要进行新的转变，特别是如果要想形成一个更大的集团的稳定结构，企业必然要从原来的金字塔似的垂直管理体制逐步向扁平管理、交叉持股的方向发展。

这里存在着一个分权的过程，通常而言，在这个过程中容易使体制出现分裂。这时候要想稳定体制就要形成一个交叉持股的关系。当大型企业集团通过这种交叉持股后，某个个人对企业的控制能力变弱（个人越来越退到幕后），而让职业经理人发挥作用，因为它形成的是一种协调机制。随着交叉持股股权的放大，新股东的不断介入，最后形成的是一种"经济共同体"。

这个经济共同体围绕某个产业链进行运作、分工协作，像滚雪球一样发展，这样不仅能够壮大，而且还不散。因为企业内核心控制结构是一个交叉持股的网状或球状结构，甚至在这样的滚动过程中，国有资本也会在合适的时机、选择合适的方式进入经济共同体，最后形成稳定的、强大的混合经济体。

此时，"国有"与"私有"的壁垒消失了。我们该如何定性这样的企业呢？显然不是"私有"，但也不是普遍意义上的"国有"，这是实际上的"集体所有"，也就是"民有"。在这样一个"滚雪球"的过程中，国有资本和私有资本都各自发挥了自己的力量和优势，最后实现融合、互补，共同进步，这就是笔者理解的"国进民进"，也就是"国民一体"。

我们的国门曾经封闭，但封闭的国门使当年刚刚成立的新中国成功抵御了帝国主义的霸权，没有沦为殖民地或附庸，并初步建立了中国的工业体系；我们的国门也在打开，这个"打开"使我们在改革开放后经济高速发展，如今已成功跃居全球 GDP 总量第二。尽管我们应该理性、清醒地看待这个"第二"，但不可否认，这是每一个中国人都值得骄傲的成就。在中国经济新格局下，面对在开放的国门旁虎视眈眈的外资，天下熙熙，皆为利来，我们应理智、审慎地对待，用"国民一体"筑起我们新的长城。

还是 20 世纪 90 年代中期，"民营"一词才开始不时地在报章出现。15 年后的今天，国、民企业已经成为国家经济的重要组成。但是有一种叫"国进民退"的概念也成为中国人争议的焦点。

"国进民退"的概念当中有两个方面的声音，一方面是要坚持"国进民退"，是支持的声音；近几年又出现了大量反对"国进民退"的声音，很多人认为"国进"的同时降低了民间资本的活力。的确，政府的出资、放贷等政策的受益方主要是国有企业。因为从信用的角度来讲，政府对国有企业有更直接的关系。

但是我们换一种思维方式，如果国企和民企能够混为一体，那么就不存在"国进民退"的问题了，而就会变成"国民共进退"，这是笔者一直期望中国能出现的这样一种情况，它将惠及国家、企业和人民，解决贫富差距。而笔者也一直认为，国民是一体的、是血与肉的、是共生的关系，国、民不可分。

日本式国民共进

"二战"以前的日本，是由三井、三菱等家族性质的财阀企业所主导，"二战"后财阀解散、家族成员基本上被美国清理出去，逐步进入经理人管理的时代。这些原财阀企业在50年代面对加入"关贸总协定"（今 WTO），他们又开始抱团。

那时候，他们主要是一种民间资本的形态。这种民间资本的形态，实际上是集合起来，相互持股，形成了一种集体所有制的形态。虽然他们都是上市公司，但是大股东主要还是金融机构，所以日本企业更多地还是与银行资本联系在一起的，这样也造就了其大生产机制。

同时，它也存在着私营资本，一些中小企业围绕着这些大企业在运作。而这些大企业形成的财团，在产业链上进行分工，中小企业围绕这些大企业运作，形成一种秩序，形成一种利益共同体，这是日本的体制形态。

因此在这种形态下，日本政府如刺激经济、调控经济，进行放贷、发债，一般都是由这些财团的金融机构参与进行。政府给予的支持，实际上是落实到了民间，落实到了这些财团。财团又落实到了这些围绕着大企业的中小企业，因为他们是互相依赖的关系，所以他们之间不存在私营资本和国家之间割裂的关系。

另外一方面，日本财团资本更多的是对外扩张，而不是完全对内进行争夺。在每一个经济危机过后的新发展期里，大量的资本是向外寻求发展空间，即通过财团里综合商社引导资金，在发生危机的时候到海外寻求发展空间。

大资本在海外创造了各种商业机会以后，变相为中小企业带来了各种商业机会，变相地为中小企业带来了订单。而带来了订单，也就意味着带来了资金。有时候，对一些中小企业，一些民间私营资本的救济并不一定直接通过钱实现，而是通过大企业出去给它拿订单。这样就形成了一套国民共进退的体制，也就是说，大财团并没有拼命地挤压国内的空间。

日本被称为一亿总中产，也自称"中等福利、中等负担的国家"，一亿总中产的日本是什么样的情况呢？国人所熟悉的日本品牌，如东芝、索尼、丰田、三菱等等，媒体及中国企业都把它们叫作私有企业。为什么呢？中国人的思维定式就是：这些企业只要不属于政府，必然就是私有企业。实际上这是一种错误的认识。

我们国家曾经把企业分为国有企业、集体企业、私营企业三种类型。但在日本我们会发现，如东芝、索尼等所有大企业，它都不是私有企业，因为它不属于某个人，或者某几个人。这些企业也都是上市公司，而它又不属于政府出资所有，也不是国有企业。而这些企业又被称为"民间企业"或者称为"民有企业""国民企业"。但总之，它是个社会企业，所以日本的这些大企业用中国词形容可称其为集体企业。

中国企业做大做强

而中国的所谓"国进民退",只是在国内市场出现了这种情况。在海外,中国现在却是"国退民进"。我们在海外的国有企业遭遇了各种打压,但是我们那些民间的"游击队"反而在海外找到了各种发展的生存空间:温州商人买下英国电视台,河南老板买下了德国的机场,广东老板收购了世界排名前五的智利某铁矿。还有好多民间资本实际上是大量的"外移"、流出了。

我们为什么不能像日本一样,形成一套"民有国营"的体制?这些大企业为什么不能注入民间资本?我们本身的国有资本,为什么不能注入民间资本?民间资本也可以进入国有资本,形成交叉持股的关系,建立产业链上分工的秩序。一旦形成这种利益共同体,也就不会出现所谓的"国进民退"的说法了。

另外,我们看所谓的"国进民退",实际上国有企业已经跟当初的国有企业不一样了。现在很多国有企业都是上市公司,上市公司实际上通过持股也是有民间资本在里面的。我们是不是可以看到中国将来会形成一种民间企业形态。现在的现象是,国有企业在搞股权多元化,再往集体企业方向前进;另一方面浙江地区的民间私有企业也在向集体企业方向走。

(白益民:中国产业经济学家、战略经济学家,著有《三井帝国在行动》《财团就是力量》等书。)

国企改革：端正方向，摒弃"僵尸"

夏小林 / 文

2015 年 9 月 13 日，《中共中央、国务院关于深化国有企业改革的指导意见》（以下简称《指导意见》）公布。《指导意见》明确指出，深化国有企业的目标是："到 2020 年，在国有企业改革重要领域和关键环节取得决定性成果，形成更加符合我国基本经济制度和社会主义市场经济发展要求的国有资产管理体制、现代企业制度、市场化经营机制，国有资本布局结构更趋合理，造就一大批德才兼备、善于经营、充满活力的优秀企业家，培育一大批具有创新能力和国际竞争力的国有骨干企业，国有经济活力、控制力、影响力、抗风险能力明显增强。"中国的国有企业是推进国家现代化、保障人民共同利益的重要力量，是我们党和国家事业发展的重要物质基础和政治基础。国有企业改革不能脱离"坚定不移做强做优做大国有企业"[1]这个基本政策目标。当

---

1 夏小林，国家发改委经济体制与管理研究所研究员。原文载于《天府论坛》2016 年 5 期。部分内容也曾在"草根网"等发表。现文补充了一些材料和分析。《中共中央、国务

前国有企业改革和相关舆情中存在的一些问题，显然是与这个目标相悖的，有必要展开讨论。本文内容主要涉及国有企业混改政策和所谓"僵尸企业"问题。

混改要坚持"做强做优做大国有企业"基本目标

继 2015 年 9 月 14 日以下简称《指导意见》公布后，国家发改委体改司牵头制定的《国务院关于国有企业发展混合所有制经济的意见》（以下简称《混改意见》）、财政部牵头制定的《国务院关于改革和完善国有资产管理体制的若干意见》及一些部委制定的《关于国有企业功能界定与分类的指导意见》也先后公布。[1] 这后三份文件作为《指导意见》的配套文件，应该是其进一步的细化或具体化。但是，将这三份配套文件，尤其是《混改意见》，与《指导意见》相比较，可以看到其中或多或少多地存在一些明显问题。以下列举几个最重要的问题说一下。

一、坚持"坚定不移做强做优做大国有企业"的基本政策目标

从目前已公开发布的这三份国有企业改革配套文件看，它们之中通通过滤、删除了中共中央国有企业改革《指导意见》中"坚定不移做强做优做大国有企业"的基本政策目标。这使得国有企业改革，特别

院关于深化国有企业改革的指导意见》，中华人民共和国国务院公报 2015 年第 27 期。

1《国务院关于国有企业发展混合所有制经济的意见》，中华人民共和国国务院公报 2015 年第 29 期。《国务院关于改革和完善国有资产管理体制的若干意见》，国发〔2015〕63 号文件。《关于国有企业功能界定与分类的指导意见》，国资委、财政部、发展改革委关于印发《关于国有企业功能界定与分类的指导意见》的通知，国资发研究〔2015〕170 号文件。

是国有企业混改的基本目标规定，出现了政治缺损，"三魂七魄"不全了。天下有"纲举目张"的道理，岂能够"纲举目闭"，配套文件搞得比《指导意见》还简单。

二、不应该过滤、删除充分竞争行业、公益类国企国资可以"绝对控股""相对控股"或"独资"的重要规定

《混改意见》在关于"充分竞争行业和领域的商业类"和"公益类"国有企业混改的第三、五条规定中，把《指导意见》第五、六条中已经确定的在这两类领域中国有资本可以"绝对控股""相对控股"或"独资"等操作性关键政策都给过滤、删除了。这也是错误的。

当然，《混改意见》发布后，发改委一副主任已出来"亡羊补牢"，就此问题向社会做了补充说明，即指明在"充分竞争行业和领域的商业类"和"公益类"国有企业中国资可以控股。

三、不应该"无差别轰炸"式地要求"在子公司层面有序推进混合所有制改革"

因为，第一，"子公司"层面也可以含有不宜"引入非国有资本"或大幅度降低国有股权比重的重要因素。这种问题在电力、石油、天然气、铁路、民航、电信、军工等领域可能最为突出。如不少国有"集团层面公司"的核心技术、高技术等商业秘密，乃至国家秘密、机密、绝密信息，以及重要的产品、研发创新、生产服务项目，就是放在"子公司"里面的。第二，"子公司"层面更有不少国有单位拥有同行业私人企业比不过，甚至就没有的高新技术、管理水平、商业模式和人才等，不值得要为了子虚乌有的"加快技术创新、管理创新、商业模式创新"引入比自己落后的私人企业入股。第三，"子公司"层面也不乏已经进行了混合所有制改革，需要着力完善现代企业制度的单位。

四、不应该为国有集团公司不断向下调整国有股权比重准备"绿色通道"

2006年3月1日，《经济观察报》曾以《严防国企控制权旁落，上海国资动议新规》为题报道，上海市国资委主任表示，"股权分置改革后，国有上市公司控股权将进一步稀释，尤其对于一些股权比较分散的上市公司，通过市场化运作获得控制权十分容易，必须制定有效措施，规范公司法人治理结构，防范控制权转移风险。"[1]国盛证券研究员张毅对此则认为，"上海市属国有上市公司的持股比例在经过股改后将平均下降10%左右。'这意味着股改后，上海国资对上市公司的控股程度下滑至30%-35%，通常，这个持股比例在一个全流通的市场里是很容易失去公司控制权的，如果控制权失去了，也会失去许多利益。'"[2]

五、优先股设计缺乏含金量。没必要搞以国有产权"完全私有化"为特征的英国式"黄金股"

六、小心"员工持股"变成"精英持股"

混改中的国有企业内部分配关系改革，要防止"碎片化"和"精英持股"产生严重的两极分化，从而冲击国有企业薪酬制度改革，导致企业内部人心涣散、矛盾增加，给企业的团结和生产经营带来不良影响。

正确认识私营经济在国有企业混改中的作用

2015年10月27日，中国社科院学部委员刘国光研究员在关于混

1《严防国企控制权旁落，上海国资动议新规》，《经济观察报》2006年2月25日。
2《严防国企控制权旁落，上海国资动议新规》，《经济观察报》2006年2月25日。

改的一次谈话中指出："坚持两个'毫不动摇'的基本经济制度，私营经济还是要发展的。但是，不切实际地高估私人产权、私人部门的作用，反过来贬低国有企业，这是搞自由化的人的一个'根据'，他们很多东西就是从这里出来的。正确的态度是既不夸大、高估，又不能低估。"他还指出："在坚持公有制为主体，国有经济为主导的条件下，国有企业可以在有的重要领域和公益领域适当发展混合经济。所谓'一般竞争性领域'国有企业也可以进去参股，或双向持股，帮助和改造私营企业。如国有企业和私营企业交叉持股，可以帮助有发展前途的私营企业解决资金、人才、技术诸方面的困难，并进行一系列改造，克服其缺点、弱点，获得新的发展。"

具体地看，按《混改意见》所要求通过混改来解决的一些全局性和国有企业本身的问题，如"应对日益激烈的国际竞争和挑战""保持中高速增长""迈向中高端水平"，以及"完善现代企业制度，健全企业法人治理结构；提高国有资本配置和运行效率，优化国有经济布局"、增强国有经济活力和抗风险能力、适应经济发展新常态、促进企业转换经营机制，等等，当下对于国内私营企业而言也都是压力颇大的难题，很难说它们在解决这些问题上就比国有企业拥有更多优势。

一、目前私营企业的整体"质量"比较差

在2013年全国第三次经济普查中，全国共有近1254万户私营企业，但其中55.3%的企业"有照"却"无经营活动"（即所谓"僵尸企业"，比15万多户国有企业还多）；私营企业总量虽然巨大，但在在大型企业构成中不占优势；上千万户私营企业中，中小微企业占99%以上，企业户均资产规模明显低于国有企业和外企；私营企业专利的整体科技含量及户均拥有专利件数都明显低于国有企业；私营企业绝大部分是低技术的劳动密集型小微企业，创新力和竞争力远远不及较好的外企和国有企业；私营企业 85.4% 为产权集中型的实行家长制领导的传统家族企业，其公司治理结构、管理方式和人才于国有企业的适用度低；私营企业平均寿命仅 2–3 年；70% 的私营企业主要分布在第三产业的低端领域，等等。

还有一个需要注意的问题是私营企业存在严重的产能过剩问题。国家的基础数据显示：在产能过剩突出的工业领域中，规模以上工业企业为 352546 户，其中，以私营企业为首的非国有企业户数占比高达 94.8%，国有及国有控股企业占比仅为 5.2%。而在政府选择的去产能重点的煤炭和钢铁行业中，煤炭行业以私营企业为首的非国有企业户数占比高达 87.5%；钢铁行业以私营企业为首的非国有企业占比则高达 96.3%。至于面临"去库存"严重挑战的房地产业，在不同性质企业的投资构成中（不含农户），私营企业等非国有单位占比为 74%。而在 91444 户房地产开发企业中，私营企业等非国有单位占比为 98.1%。[1] 这些数据说明，在 2016 年将大规模持续开展的"去产能""去库存"政策进程中，以中小微企业为主体的私营企业等非国有企业面临的压力很大。

二、私营部门增长持续走低

金融危机爆发近十年来，私营企业的增长状况一直不佳，其重要指标特别是投资增速，跌跌不休。近三年来，新一届政府认真落实两个"非

---

1 工业企业情况据国家统计局《中国统计年鉴 2014 年》中有关规模以上工业企业数据计算。房地产行业情况据国家统计局《中国统计年鉴 2015 年》中有关固定资产投资数据和房地产开发企业数据计算。

公经济 36 条"，以空前的密集度、开放态度出台大量发展非公有制经济的政策，并在 2015 年初要求私营部门"顶住经济下行压力"。但国家统计局的数据显示，2015 年私营企业固定资产投资增速降幅继续加大，回落 9.9 个百分点，再创全球金融危机以来最大年度降幅；规模以上工业私营企业工业增加值和实现利润总额增速，及进出口增速也是持续回落。2016 年一季度，私营企业为主的"民间投资"增速也出现断崖式回落，下降 7.8 个百分点。"十三五"规划期间，由于经济下行压力大（含去产能力度大），连 6.5% 的 GDP 增长都要争取，私营企业的状况，特别是投资，就更难有明显改观了。

三、私营企业"一股独大"和"家长制"成风，难助国有企业改善"股权结构"和"法人治理结构"

私营企业等非国有企业绝大部分是股权集中型企业，家族企业最多，难以向国有企业传输"现代企业制度"或"法人治理结构"。目前，国内私营企业中 85.4% 的企业都是"一股独大"的家族企业。上市公司也不例外。外商投资企业中的外商控股企业占比为 83.4%；港澳台投资企业中港澳台资控股企业占比为 97.3%。在这些企业中，所谓"企业法人治理结构""经理人制度""现代企业制度"安排亦是为"一股独大"和"独资"的非公有制企业服务的。

美国两个诺贝尔经济学奖得主，即赫伯特·西蒙教授和约瑟夫·斯蒂格利茨教授认为，搞好国有企业，重要的不是变化产权，而是完善企业管理者等的激励和约束机制，正确解决那些两权分离的私人公司也要同样面对的"代理问题"。[3]

私营企业（及私人产权）存在的以上问题或制度特征，严重限制了它们去带动、帮助国有企业改革和发展的能力、能量。而相对私营企业的一些突出弱点、问题而言，国内外的有关理论分析和实际经验都证明，国有企业是拥有比较优势的。另外，国有企业对自身在经营和市场竞争中存在的问题，也是具备自我调整机制的。关键是国家和国有企业领导层要在这方面去总结经验、深入探索和努力奋斗。"天行健，君子以自强不息。""有志者事竟成。"党中央提出要"坚定不移做强做优做大国有企业"，就体现了这样一种自信和努力。

四、要警惕、防止混合所有制改革产生的财富、收入分配逆向调节效应

《21世纪资本论》作者托马斯·皮凯蒂也曾对新华社的记者坦言过，"现在没有人能够明确知道中国的财富不平等最后会把中国带向何方。中国还有一个特点是，一部分企业是公共企业或者说是国家企业，这原则上能够限制财富的不平等，但是如果未来出现这些企业部分或全部私有化——有时用很低的价格——这将导致财富的迅速增加，从而快速加剧财富不平等。"[1]

警惕"僵尸企业"

自2015年下半年以来，在关于结构调整，去产能过剩和国有企业改革的讨论中，一个很突出的新说法是消灭所谓"僵尸企业"问题。

一、结构调整重点行业的国有企业非常少，难以成为业内被调整的主体

在产能过剩行业，特别是在作为重点的煤炭、钢铁和房地产行业中，

1 应强：《皮凯蒂谈中国收入分配：用征税解决财富不平等》，《参考消息》2014年12月16日。

国有企业户数是非常少的，其占比才分别为 12.5%、3.7% 和 1.9%，就是以规模以上的全部制造业企业而论，结论也是如此。依此而论，解决产能过剩、房地产"去库存"类问题，以私营企业等非国有企业为主要对象，应该是基本常识。全国的结构调整、产业重组不可忽略、轻视或掩盖这个客观存在的大问题。

二、私营企业中的"僵尸企业"可能全国数第一

国家第三次经济普查提供的基础数据显示，如果按照《人民日报》给出的"僵尸"定义，那么，仅以私营企业计量的所谓非公"僵尸企业"就可能全国数第一（见图 1）。

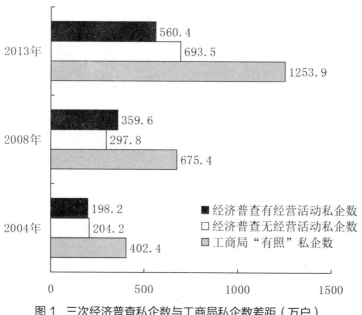

图 1 三次经济普查私企数与工商局私企数差距（万户）

图 1 中，国家工商总局历次按"有照"口径统计的私营企业户数是非常多的。以 2013 年为例，按国家工商总局的"有照"口径统计，私营企业已达 1253.9 万户，是经济普查发现的有、无经营活动两类

私营企业数的相加之和。其中，无经营活动私营企业数占比竟然高达55.3%，超过一半以上。并且，2013年第三次经济普查的结果还显示，金融危机以来，"新常态"下，"无经营活动"的私营企业比2008年的同类私营企业增加了395.7万户之多。实际上，第一次经济普查和第二次经济普查时，"无经营活动"私营企业的占比也不少，分别为50.7%、44.1%。[1]

三、"僵尸企业"舆情分析

在解决产能过剩及所谓"僵尸企业"问题的过程中，国有企业固然有一些新、老问题需要解决，有些还是老大难问题，但从总体上看，国有大中型企业的规模、技术、管理、融资、人力资源等优势还是比较明显的。在解决既有问题的基础上，国有企业最有可能成为企业重组的主力军。

四、建议摒弃蔑视、骂人的"僵尸"这种形容词言说一切所有制性质的某类亏损企业

由20世纪80年代美国人发明的"僵尸企业"这个概念的客观性、科学性，及对中国经济政策体系的适用性等是存在问题的。从国际经验和学术文献看，这个偏向性、攻击性明显的概念，当年其更多的作用是有利于一些美国人以"僵尸企业"乃至"僵尸经济"名义去解构日本的市场经济制度（含日本企业制度），以扩大美国的经济霸权。但这却没有达到目的。在此意义上说，"僵尸企业"就是美国某些市场原教旨主义者攻击、抹黑日本"政、银、企共生体制"的无效工具，是一只唬人的纸老虎。事实上，虽然日本企业的国际竞争力是有起伏

---

1 数据来源：国家统计局网站。

变化的，市场中也有一些企业走下坡路或破产，还可能存在一些政府救助企业无效的案例，但其总体实力确实不容轻视、抹黑。近年来国内一项重新评价"日本失去二十年"的研究显示，"过去的 20 年，日本企业的赢利状况也远好于欧美。"[1] 实际上，美国政府也不认为日本企业中"僵尸横行"，而是视其为重返亚太战略可资利用的重要经济/军工资源，两国军事工业的高端合作关系十分密切。

其实，在中国的实践中，迄今为止，这个"僵尸企业"在政府系统中还是难以形成统一定义，各部门、各地方都各执一词地去说某些亏损企业。如河北省的"发改委、工信厅、国资委、财政厅等多个部门对'僵尸企业'的调查范围不同、口径标准不一致，造成各部门统计的困难企业各项指标不一。"[2] 国家发改委综合各方面情况提出的意见是，"要根据各地的实际情况来确定它的范围，采取具体措施"，[3] 并不要求有关方面搞个具体的全国统一标准来"一刀切"。

其实，已有一些学者指出，中国的语言非常丰富，何必非采用这种说不清、道不明，且是骂人的"僵尸"来当政策性用语呢？另外，在中国的鬼神文化中，"僵尸"也是鬼的一种十分龌龊、恐怖的形象，会令人产生非常不愉快的心理感受。此风一开，也难免辱及自身及其他主体，污染本来已不干净的语言环境。所以，考虑到中国国情，政

---

1 中国社会科学院日本研究所研究员张季风：《重新审视日本经济"失去的二十年"》，2013 年 10 月日本研究所《日本学刊》供新华网日本频道特稿，http://japan.xinhuanet.com/jpnews/2013-10/30/c_132843987.htm。

2 《全国人大代表、河北省国资委主任王昌建议——因地制宜、因企制宜处置"僵尸企业"》，http://e.hbqnb.com/shtml/hbqnb/20160315/80584.shtml。

3 《徐绍史：根据实际情况来确定"僵尸企业"范围》，http://finance.sina.com.cn/roll/2016-02-06-doc-ifxpfhzq2554431.shtml。

府的政策用语中还是弃用内容含混不清、背景杂乱、意识形态偏向性强、口气粗暴的"僵尸企业"这一外来语为上策。[1]孔夫子强调"为政者正",古印度的释迦牟尼强调利益众生者需"正见、正思维、正语、正业",都是有一定道理的。

综上所述,一是要警惕所谓"僵尸企业"成为某些自由派人士抹黑、清除国有企业的工具;二是经济结构调整中不能够忽视私营企业等非国有企业存在更多的所谓"僵尸企业"问题;三是政策上弃用"僵尸企业"一词为上策,不要让被扣该帽子企业的经营者和工人有人格被侮辱感。困且辱之,何如解困济危、"雪里送炭"?

参考文献

1 哈罗德·R.克博.社会分层与不平等:历史、比较、全球视角下的阶级冲突 [M].上海人民出版社,2012.39.

2 贝尔纳多·博尔托洛蒂,等.西欧的私有化:典型事例、结果和未决的问题 [A].热拉尔·罗兰.私有化:成功与失败 [C].中国人民大学出版社,2011.64.

3 夏小林.政企关系:有分有合——从国际视角评切割政企关系的"改革"陷阱 [J].管理学刊,2015,(3).

4 热拉尔·罗兰.私有化:成功与失败 [C].约瑟夫·斯蒂格利茨撰写的 < 序 >.中国人民大学出版社,2011.5,3.

5 夏小林:为谁作嫁?——经济学、市场和改革,香港大风出版社 2008.323-332.

6 世界银行.2006 年世界发展报告:公平与发展 [M].清华大学出版社,2006.6.

7 弗里德里希·奥古斯特·冯·哈耶克.通往奴役之路 [M].中国社会科学出版社,1997.121-123.

---

1 详细分析,可参见夏小林《"僵尸企业":市场原教旨主义的纸老虎》,http://www.caogen.com/blog/Infor_detail/76631.html。

8 保罗·克鲁格曼.美国怎么了？——一个自由主义者的良知[M].中信出版社,2008.191.
9 王钦敏.民营经济蓝皮书：中国民营经济发展报告No.10（2012~2013）[M].社会科学出版社,2013.60.

（夏小林：国家发改委经济体制与管理研究所研究员。）

中国改革的经济学逻辑

包海松 / 文

　　现今，不少人都在思考一个问题：中国新一轮改革的突破口在哪里？因为无论从哪个角度来看，改革已越来越迫切。有部分领导、学者提出了"改革就是红利""向改革要红利"的口号，目标就是要通过继续的改革求得可持续的发展。但是，改革就一定有红利吗？恐怕未必，否则就不会有那么多的失败改革。只有方向正确的改革才会产生红利，方向错误的改革只会延误改革时机，甚至产生负面影响。"文革"无疑也是一场重大的社会改革，但文革非但不产生红利，反而使中国经济濒于崩溃。

　　目前从上到下都能感受到，中国改革越来越困难了。对改革的困难，人们一般都指向中国的既得利益。尽管谁也不否认这一点，但哪一个改革没有阻力呢？在中共领导集体改革决心如此之大的今天，利益集团真的能阻碍改革的进程？恐怕未必。并且仔细观察我们会发现一个有趣的现象，即无论政府高官、商界巨枭、地产富豪还是学界泰斗等，都喜欢将改革难以深化归因于利益集团，但中国的最大利益集团是谁？不正是他们吗？因此，将改革停滞归咎于利益集团更像是一种托词。

改革，走对路子最关键

改革之所以如此难，根本原因在于我们没有真正认识到问题所在，或者说一部分改革措施没有走对路子。一旦方向错了，目标就不可能实现，预定的改革措施也无法按步骤完成。

在这方面日本就是一个现实教训。自日本房地产泡沫破灭开始，平均每隔两三年日本政府就出台一个经济刺激计划，但纵观日本过去历次经济刺激计划，基本上没有一个完整的实施结果，总是半途而废。究其原因，在于实施效果远未达到预期目标。

总体上，日本历次经济刺激计划的核心逻辑都是一样的，那就是通过财政赤字或印钞刺激经济增长、调整经济结构，然后在经济增长的基础上通过增税来降低财政赤字、化解债务风险。然而，日本经济并不如日本政府设想的那样，在政策推动下走上自主增长轨道，而是患上了刺激依赖症，即经济增长严重依赖刺激政府，一旦刺激力度减弱，经济又重回停滞状态。这种情况与日本政府当初的设想相差十万八千里，进一步的改革措施也只能不了了之。

相比之下邓小平领导的改革开放堪称改革成功的典范。邓小平改革为何成功？原因在于改革开放解决了当时中国面临的核心问题——经济缺乏活力与效率。改革开放之前的中国，商品极端匮乏，就连米、面、布等基本必需品都要凭票购买，并且数量十分有限。这一切当然是拜计划经济所赐，在当时的体制下，民众的生产积极性与创造性受到极大抑制，农民搞一点自留地被叫作"资本主义尾巴"，"跑单帮"做点小买卖被叫作"投机倒把"。在此机制下，整个社会都缺乏创造动力，经济濒临崩溃。

邓小平改革改变了这一切，他将中国经济的发展方向重新拨回到市场轨道，这样一来就释放了民间创新与创业的积极性和创造性。同时，市场化打破了城乡隔绝的旧格局，让原来低效利用的资源得到更有效的利用，使生产效率大大提高，各种各样的产品一下子丰富起来，民众的生活水平也得到快速提升。统计显示，1979 年至 2007 年，中国经济年均增长 9.8%，比同期世界经济平均增速快 6.8 个百分点。

一些人将改革开放的成功归因于邓小平同志具有的特定权威。不容否认，政治强人对于推动改革具有天然的优势。然而，改革成功的首要因素是必须选对方向，强有力的领导人只是会使改革走得更快一点、更顺一些。仅仅是释放了活力与提高了效率，就能取得如此巨大的成就，这就是邓小平改革成功的秘密。

而日本近三十年的经济改革为何总是失败？原因是日本经济失去二十年的根源是储蓄过剩，而日本政府的刺激政策并没有改变这一现实，这是日本经济周而复始刺激，又周而复始衰退的根源。

由于不知问题所在，中国改革有迷失方向的危险，即仅知道要改革，也有改革的决心与勇气，却不明白要改什么，改革的方向在哪。中国政府对改革的决心之大有目共睹，十八届三中全审议通过的《全面深化改革的决定》是一项雄心勃勃的行动计划，三中全会决定的改革项目有 336 项。李克强总理特别强调，2013 年以来国务院开了 40 次常务会议，其中 30 次是研究改革相关议题。本轮改革的基本取向就是让市场发力，激活社会的创造力，要求在资源配置中赋予市场一个决定性的作用，要处理好政府与市场的关系。

让市场发力、激活社会创造力永远都是对的，问题在于，这是当前中国经济存在的核心问题吗？形成了市场主导就能解决中国目前面临的经济困难？提高活力与政府放权就能化解没有产能过剩、房地产泡沫以及对投资的依赖吗？从逻辑上看不出这一点，三十年来中国经济的活力与效率不断提高，但近些年来越来越需要政府有形的手来稳增长。

从实际效果看更远非如此。在 2013 年上半年进行了新一轮经济刺激后，中国 GDP 的增长率由降转升，此时政府部门与多位专家学者都宣称改革红利正在显现，中国经济将进入新一轮增长周期。然而，从 2014 年一季度的经济数据看，几乎全方位地疲弱过预期。法兴银行最近的研究报告称，中国 1~2 月的经济数据都远低于预期，这证实了在进入 2014 年后，中国经济增长缓慢，数据可能超出新一届政府此前制定的预期。包括《华尔街日报》在内的众多海外媒体预测中国领导人正开始增加政府支出以防止经济增长率显著降低。

这一切到底是因为什么？为什么政府出台刺激措施 GDP 就增长，而刺激力度一旦减弱，经济增速就显著下降？

中国改革应该如何改？

中国改革的核心命题是怎样才能使中国经济稳定健康发展。改革的目标并非是要维持经济高增长，而是让民众生活水平不断提高，这当中就业是一个非常关键的指标，因为只有较充分的就业才能保证民众普遍得到实惠，正如李克强总理所说的我们不是要保 7.5、7，而是要保就业。

中国经济一直以来的有个病态逻辑：地产好则经济好，地产不好则经济糟糕，现在地产业出现越来越糟糕的苗头，而改革又远未见成效，地产政策如何调整，注定是一个政府倍感纠结的事情。

中国经济病态表现的另一方面是对投资的依赖，直接后果一方面是产能过剩，另一方面是债务隐患。早在爆发国际金融危机前的 2007 年，中国经济增速已进入下行通道。2009 年靠 4 万亿元投资和 10 万亿元贷款把 GDP 增长率拉升到 8% 以上，只维持了一年就再度下降。2012 年 5 月以后各地大上城建项目，大搞"造城运动"，GDP 增长速度在第四季度提高了 0.9 个百分点，到今年一季度又重新下降，但为此投入的资金却大量增加。开始的时候没有在银行信贷上表现出来，而是在银行的表外业务、影子银行、城投债的发行等社会融资增长上表现出来，使资产负债表中的杠杆率（负债率）不断攀升。

判断改革成功与否的关键标准是经济能否自主稳定增长。因此要使我们的改革取得成功，就必须搞清楚中国经济的这些病态的根源，否则再多的改革措施也是徒劳。真正成功的改革并不需要几百项，抓住关键的一两项就足矣，当核心改革成功后，其他问题就迎刃而解。如果我们不抓住关键点，改革难免会顾此失彼，相互掣肘，到头来实质性改革很难兑现。

中国经济这些病态的根源并非因为效率与活力不足，而是由于储蓄过剩。中国经济早就进入了储蓄过剩状态，但我们一直来都在强调产出能力的提高，却忽视了储蓄过剩问题。近年来中国经济所面临的诸多难题如高房价、高投入高消耗的增长方式、对出口的依赖等等的根源都是储蓄过剩。在这种情况下，如果我们的改革不是朝着缩小储蓄过剩的方向前进，而是照老路铺摊子、扩产能，则无论多么漂亮的开局都不会带来令人满意的结果。

为什么储蓄过剩会导致房地产泡沫与对投资的依赖呢？其逻辑链条是这样的：在一个产出周期（如一年）内，人们的储蓄总额超过了社会总投资需求,这时候人们希望储存的财富总量超过了社会仓库容量,在此情况下,实际产出将会下降(即GDP将减少,表现为经济衰退),以使储蓄与投资需求相等。但GDP下降将使社会出现大批失业人员,这显然不是政府政策预期。政府为了维持较高的就业率就必须稳增长,而稳增长的手段一是用政府投资弥补社会投资与总储蓄之间的差额;另一个就是增加财富仓库容量,以吸收过剩储蓄。无疑,房地产就是一个天生的财富仓库。随着房价上涨,早期购房者获得了巨大的收益,在房价上涨带动的财富效应作用下,人们纷纷投资购房,房地产市场像海绵般吸引了大量过剩储蓄,成为事实上的财富仓库。这就是中国经济严重依赖投资与房地产的真相。而欧美国家在社会仓库容量相对固定的情况下通过减少储蓄实现经济增长。

市场化改革,最终却用增加财富仓库的办法稳增长

解决储蓄过剩必须通过提高消费,舍此别无他法。根本举措在于缩小贫富差距、提高社会福利、提高税收,即通过制度安排降低人们储蓄欲望,平衡产出与消费。无论是减税、政府放权,还是国企改革,都只是从局部思考问题,没有从储蓄过剩这个更为根本的问题入手。这样的改革必定顾此失彼、按下葫芦浮起瓢。房地产调控、环境治理等莫不如是。

一直来中国的改革都是从如何提高效率入手,却没有认真思考对于过多的财富如何合理消费与储存。在提高效率这点上,中国政府的成绩是优异的,30年的高增长足以说明一切。然而,缺乏消费增长做支撑的GDP高增长是不可持续的,这正是中国经济目前面临的困境。

改革最怕的不是阻力,而是方向错误。任何改革都会有阻力,但也

一定会有推动力，否则这样的改革就没有意义。路子走对了阻力只会越来越小，而一旦方向错了，不但原先的阻力增大，原来的支持者也会变成反对派，这时候改革者将会陷入四面楚歌的困境。

政府放权让利、提高活力等措施都是提高经济效益的一种手段，与邓小平改革本质上都是一样的。换言之，从经济学逻辑上这只不过是邓小平改革开放的升级版。但是当今中国经济的制约因素早已不是效率，而是储蓄过剩，在这种情况下如果我们还照原来的单子按方抓药，必然无法化解中国经济困局。中国改革到了重新定方向的时候了！

——摘自《繁荣的真相》，中国经济出版社

（包海松：毕业于广西大学，宏观经济学者，高级工程师，著有《繁荣的真相》（中国经济出版社）、《谁来拯救世界经济》（中国发展出版社）等。长期从事经济分析研究，对宏观经济运行有深入独到见解，已有 10 多篇经济论文被中国权威经济论文库收藏。主要研究方向：宏观经济、收入分配、经济危机。）

粮食结构矛盾破局指向

姚澜 / 文

日前，据中国社会科学院农村发展研究所研究员李国祥预测，2016年粮食总产量预计达到6.3亿吨，增产1.5%，将会实现前所未有的"十三连增"。在经济下行压力加大的情况下，粮食生产高产丰收，为我国经济发展"稳中有进"的基本面奠定了坚实基础。

与新世纪以来的连年增产相伴，我国粮食市场和粮食安全面对两个值得警惕的问题，一是稻谷、小麦、玉米、大豆四大主粮已全面转为净进口，且数量逐年增加；二是粮食结构性矛盾日益突出。

"粮食产量、进口量和库存量'三高'并存，农产品供求结构失衡，生产成本过高，资源错配及透支利用等突出问题，将是我国未来粮食生产的重大隐患。"调研中，粮食管理部门研究人士向《瞭望》新闻周刊记者呼吁，调整好粮食生产结构十分重要，粮食生产也要注意供给侧改革。

他们的共识是，"十三五"期间，将是我国全面破解粮食供求阶段性、结构性矛盾的关键期，"重点是推动粮食生产由数量增长为主转到数量、质量、效益并重上来，由依靠资源和资金投入，转到依靠科技进步和提高劳动者素质上来。"

结构矛盾显现

粮食生产连续大丰收，也会带来增产的烦恼。采访中，《瞭望》新闻周刊记者了解到，过去十二年，我国玉米种植面积新增 2.1 亿亩，新增产量占到了粮食总增产量的 57%，中国成为全球玉米种植面积、库存量最大的国家。有关人士测算，目前 2.5 亿吨玉米每年需要付出的库存费用达到 630 亿元。

如此大的产量，并没有卖出好价格。本刊记者从黑龙江省兰西县农委和粮食局调研了解到，这个县种植玉米 218.1 万亩，占总种植面积的 90% 以上，种植农民人均收入增幅从"十二五"期间的 11.8% 收窄到目前的 6.9%。

非独玉米，稻谷、小麦、大豆等主粮也存在结构性矛盾日益突出的问题。黑龙江大豆协会副秘书长王小语对本刊记者说，大豆的结构性矛盾主要表现在"三低一高"：所谓"三低"，一是产量低，二是比较效益低，三是商品性低；所谓"一高"，是指国内外大豆价格倒挂严重，两者价差达 600 ~ 700 元 / 吨。

王小语还介绍说，稻米的问题是优质稻种植比例仍不够高，稻米生产偏重数量，市场上出售的多数还是普通稻。主要原因在于，普通稻种植易于管理、产量高，效益要相对好于优质稻，且有最低收购价托底；而优质稻产量低、投入高、难管理，常规优质稻的抗性也会差一些，而托底价却与普通稻一样。因此，我国优质稻种植迟迟难以大幅提升。

最尴尬的要算小麦。近年来，在全国最重要的小麦主产区河南省，一方面种粮大户的小麦卖不出去；另一方面面粉加工企业却买不到所需的优质小麦。漯河市面粉加工企业主说，河南省乃至全国的小麦产量年年攀高，但相当一部分是中筋麦，达不到其加工标准。据了解，为满足面包、糕点等新兴食品业的要求，我国每年不得不进口200万吨强筋小麦。

有农业部门专家告诉本刊记者，"如何推动粮食生产由数量增长为主转到数量、质量、效益并重上来，是'十三五'期间破解粮食结构性矛盾的重点。"

矛盾根源在于供给侧

"我国农业的发展从过去的数量矛盾转化为现在的结构矛盾。"许多农业问题专家向《瞭望》新闻周刊记者表示，这是粮食生产完成解决温饱历史任务后的一个新问题，粮食结构矛盾之所以日显突出，根源主要在粮食生产的供给侧。

中央农村工作领导小组原副组长陈锡文分析说，现在，从国内看，总需求和总供给相比，大概还有500多亿斤的缺口，所以现在必须进口粮食。但近年来供需缺口为500亿斤，2015年进口粮食却高达2500亿斤。为什么呢？他认为有两个原因：

一是国内供给结构不能满足市场需求。其中最突出的就是大豆。中国是大豆的故乡，但是中国已经成为全球大豆产量第四、进口量第一的国家。去年只生产了240亿斤大豆，进口则超过了1600亿斤。在去年进口的2500亿斤粮食中，三分之二是大豆。进口了1600亿斤大豆后，粮食市场上即显示存在1100多亿的小麦、稻谷和玉米过剩。

二是国内粮食价格相对高。比如小麦、玉米和稻谷，国内过剩的情况下，仍然进口了八九百亿斤。原因很简单，因为与国际市场相比，国内粮食生产成本高、价格高。

"当前,我国粮食生产面对的风险就是,产得出来、能不能卖出去?"陈锡文指出,"如果不改变这个局面,那么农民的生产将面临越来越大的问题。正是由于这些情况,习总书记提出来加快农业供给侧改革。他明确地强调,农业供给侧改革就是要增强农产品的竞争力,这是我国当前经过一段时间的改革和完善的主要方向。"

在这位中国"三农问题"权威人士看来,农业供给侧改革,不是短期在品种数量上作一些生产方面的调整,根本目标是提高农业的综合竞争力、提高农产品的国际竞争力,"解决这两个问题,不是简单的调整数量能体现的,应该加快体制创新,这样才能真正实现农业供给侧结构性改革。"

农业供给侧改革的突破口

在具体策略上,专家们从不同角度向《瞭望》新闻周刊记者谈了他们的建议。解决当前国内粮食结构矛盾,要善用 WTO 规则下的关税配额来管理进口粮食。作为 WTO 成员,按照承诺的关税配额,我国每年进口的粮食总量合计 2215 万吨,相当于我国粮食总产量的 3.5% 左右。这部分配额内粮食按照 1% 征收关税,到岸完税价比国内粮价高30% ~ 50%。

"超过这个配额,粮食进口要征收 65% 的关税,那么进口就无利可图,很难进来。"陈锡文认为,"国家政策要保障我国粮食安全,不仅仅是数量上供给的安全,还有保障产业安全和农民生计安全,所以这方面要有坚强的信心。"

许多农业专家都向本刊记者强调,要根本解决问题,还得坚持以科技创新为核心，从以下几个方面加快农业供给侧结构性改革：

其一，促使市场在价格形成机制中发挥决定性作用。陈锡文说，中央已经明确提出，对东北的玉米要实行市场定格、价格分离改革机制。此政策出台伊始，今年东北三省加内蒙古玉米的播种面积减少了2300万亩，比去年减少了4.5%。现在，新玉米已经上市了，收购价格较低，农民蒙受了损失，但是按照价格分离机制，价格定下去后，政府就会给农民补贴，可以让市场更加合理。在他看来，如果东北的玉米改革成功，对小麦、大麦等等都有很好的引导作用。

其二，加大科技创新投入。专家以大豆举例分析说，目前我国小麦亩产量1000斤左右，玉米亩产量平均在1200斤左右，是60年前三至四倍。相反，目前我国大豆亩产平均不到280斤，60年来几乎原地踏步。收益上，一亩玉米收入1200元，而一亩大豆毛收入仅600元左右，所以大豆种植面积和产量一直提不上去。

他们认为，我国大豆的科技投入少，技术不过关，造成竞争力不强。"所以我们必须加快推进科技进步，形成有效的竞争力。"

其三，加快推进农业经营体系创新。去年以来，粮食价格下降，不少地区土地规模经营的效益也有下降。在此背景下，一些农民已经开始了新的创新。比如，以土地承包经营权入股当地农村土地股份合作社。

专家指出，"因为没有土地租金，加之在原料购进、技术规范、统防统治、精细加工、市场销售等方面，让村民抱团发展、形成合力，既壮大了现有市场，又增强了产业市场竞争力。"

专家认为，农村土地股份合作社对增加农民收入，促进农业和农村经济发展发挥了积极作用。"更重要的是，已经有部分合作社推出了土地托管、土地代征、土地社会化服务"。

陈锡文认为，在农业经营体系方面，有两条路要走，一条路就是推进土地的流转规模经营，另一条是推进现代农业装备实现规模化服务，"这样可以使小规模农户也能够用到最先进的现代化农业装备，提高效率。"

其四，结合实际国情，支持和完善农业支持保护体系。当前，农业支持保护体系比较偏重于补贴政策，会扭曲生产成本，政策空间有限。专家认为，"下一步支持农业的政策要有调整。"

一是蓝箱政策。按照 WTO 规则，农业协议中对与限产计划相关的支付可免予减让承诺，如休耕地差额补贴。今年中央一号文件已经提出，要对一些必要的农业区实行休耕和轮作，给予补贴，保护地力、恢复生态环境。这样既能促进中国健康发展，对农业生产者收入具有较为明显的持续增长，又不违反国际规则。

二是绿箱政策。该政策是 WTO 成员对农业实施支持与保护的重要措施，指政府通过服务计划，提供没有或仅有最微小的贸易扭曲作用的农业支持补贴，而这种补贴不会直接计入生产成本，比如促进农产品营销、支持农田水利建设、对农民收入进行直接保险等等。

"未来要加大对农产品的保护，就需要善于吸收借鉴各国的农业政策，使我们的农业政策更加完善。"陈锡文说。

（姚澜：现任瞭望新闻周刊记者）

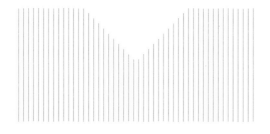

微观研究

驳人民币必然贬值的谬论：
兼谈货币竞争力

六万水 / 文

近日，美国高盛公司的研究人员在博鳌论坛上宣称，人民币每年以14%的速度增发，人民币必然要贬值。笔者猜想，国际金融投机力量一直试图做空人民币，此时做空人民币的设想不能实现，必是心情不悦。但是，人民币增发，必然贬值这样的逻辑却是大大的错误。

首先看俄罗斯，俄罗斯的外汇储备大降，受国际投机力量做空导致石油暴跌，俄罗斯的创汇能力大大降低。俄罗斯与中国之前的货币发行方式大同小异，均是由出口创汇以及外商投资形成的外汇占款发行基础货币。俄罗斯尽管利率高，但仍是通货紧缩。由于大量外资出走，央行回收基础货币，俄罗斯货币萎缩的同时，经济不堪，俄罗斯卢布也在大幅贬值。

另外一个国家，日本。近年来一直在实施大规模货币宽松，日元增发速度高于中国。日元之前都是在贬值。在笔者看来，这或许是日本有意为之，以提高日本出口企业高端产品的竞争力。否则，产自日本的高端汽车等产品，很难卖出去。不过，现在日元也开始升值了。

俄罗斯的货币在萎缩，也贬值。日本狂印日元，最后还升值了。那么，一个国家的货币增发必然贬值的理论，必然不是理论。只能证明——一个国家的货币竞争力，并不是由其是否增发或是收缩决定的。

中国的货币增发脚步一直没有停止，从1951年的一百多亿，到现在的一百多万亿。最新的广义货币为142万亿，这样的货币并不算多，除以全国约14亿人口，人均广义货币并不高，平均下来人均10万元。正是不断地增发货币，发展生产力，社会财富与人民福利才不断地增加与提高。据经济学者估计，中国的现代化建设完成，中国的广义货币或许要达到500万亿。之后，中国的货币可以由数量型管理转向价格型管理。如果中国过早地转向价格型监管，实践证明，中国经济发展将很难继续中高速发展，中国经济也就永远不可能成为世界第一。

该研究人员还宣称，中国的贸易顺差不可能长期保持大幅顺差。只要中国贸易不再顺差，不足以弥补资本项目的流出，中国的外汇储备将会快速下降，最后人民币还不得不大幅贬值。老外们对人民币汇率真是操碎了心，从2005年以来，一直逼迫人民币升值，近来又不断地鼓噪人民币应该大幅贬值。他们至少不代表在中国投资的外资企业的真实想法。在中国投资的外资企业，怎么会愿意人民币大幅贬值呢？如果人民币大幅贬值了，很有可能让外资企业在中国数十年的积累，变成一张白纸。如果人民币大幅贬值了，大部分外资企业将会选择离开中国，那么，中国的去工业化进展将会大大加快，中国的国企、民企不足以吸收全社会的就业劳动力，失业率将会大大增加，改革开放以来的好局面将不复存在。

美国贸易逆差一直都很大，去年有四千多亿美元的贸易逆差。当然，美国印美元，投资在全世界的项目，很多都是赚钱的。在资本与金融项目，美国是大量顺差的。总的来说，美国的国际收支是逆差的。但是美元的价值也不是由其是否逆差决定的。

如果中国真的出现了国际收支逆差，也不是什么恐怖的事情。20世纪整个80年代，中国的国际收支都是逆差的。中国实行比较严格的外汇管制，鼓励出口，中国的经济在80年代同样取得很大的成绩。80年代，比较遗憾的是，当时的货币增发速度太快了，有的年份接近50%，这样的速度导致一场比较严重的抢购风潮。

中国的国际收支逆差或许也可以避免。中国经济结构的独特之处，就在于中国的经济成分是三足鼎立，国企、民企和外资企业都发展得不错。西方发达国家是本国私营经济一枝独秀，国企与外企体量非常小。广大的发展中国家，要么外资企业已经超过半壁江山，成为事实上的经济殖民地，要么就是产业无从发展，只能提供基础原材料等初等产品。如果各种隐性与显性的收益加在一起，所有外资企业在中国的净利润或许要超过2万亿元。也就是说，中国需要在货物贸易上获得2万亿元以上的顺差，才能弥补这些外资企业在中国正当挣取的利润流出。中国可以加大出口的鼓励力度，增加高端产品的出口。另外，也应该加大对本国企业的扶持力度，提高本国企业在国内与国际市场的竞争力。在特殊的情况之下，要鼓励人民购买国产产品。

当前，一个国家的货币竞争力由一个国家的经济实力直接决定。中国的经济实力比三十年前大大提高了。中国第二产业的GDP是三十万亿元，高出美国不少，中国是世界上最大的工业化国家，是一个事实上的工业强国。中国能制造出几乎所有的工业产品，也就是说用人民币可以买到几乎所有的工业产品。

当前的所谓"资本外流"，严格地讲，是资本构成中的"美元资本"

外流。中国经济中已经不缺美元资本。人民币资本是主权资本，不存在人民币资本外流一说。在中国，以及在全世界不少地方，人民币与美元一样都能调动其他生产要素，是名副其实的"国际资本"。中国有如此强大的工业生产技术水平与产能，只要中国能让出一部分铸币权收益给别的新兴国家，人民币国际化是水到渠成的事情。中国不应仅仅向西方发达国家进贡铸币税。中国向更多的国家提供有担保和抵押的人民币贷款，将有助于提高人民币的国际化与国际竞争力。在当前的全球经济形势之下，中国有实力向全球输出资本，避免全球范围内的长期通货紧缩，拯救世界经济于水火之中。

一个国家的货币竞争力体现在币值的稳定。人民币过多的升值不利于出口企业的生存。人民币过多的贬值不利于进口企业的生存。人民币只有稳定，才能代表最多数人民的利益。人民银行增发货币主要投放于民生福利、发展生产力。中国人民的平均素质不断提高，中国的基础设施不断进步，中国企业的实力不断增强。人民币更加有信用，更加有竞争力，人民币怎么会大幅贬值呢？只有国际投机力量奢望人民币大幅贬值，绝大部分国家不愿意看到人民币大幅贬值。现在石油、煤炭等大宗商品价格已经暴跌，俄罗斯、澳大利亚、巴西以及中东等资源出口国的购买力已经大幅下降。如果人民币再大幅贬值，中国购买能源与资源的能力将大大削弱，全球经济就会雪上加霜，全球经济重回 1929 年的经济大衰退的概率会大大增加。

总的来讲，中国的综合国力在不断上升，人民币的竞争力在不断增强，人民币大幅贬值论可以休矣。

（六万水：先后毕业于华中科技大学、清华大学。财政金融学本科、工学学士、工商管理学硕士。）

人民币，不要为我哭泣

管清友 / 文

一次次的市场灾难告诉我们，当市场预期空前一致的时候，往往是最危险的时候，因为投资者往往失去了对风险最基本的防范。而如果这种一致预期和政府的预期相反，其中隐藏的风险更是可以置投资于死地。有人说，市场不会犯这么幼稚的错误，但事实是，这种隐患随处可见，外汇市场就是当下最典型的例子：尽管政府一再宣称人民币不会持续贬值，但几乎所有人都在唱空人民币，唱多美元，市场是不是又陷入了一场致命的陷阱？这就是今天我们要讲的故事。

在故事开始之前，让我们先来交代一下故事的基本背景。发展中国家和发达国家简化为 X 国和 L 国。但不同的是，两国不再是传统的物物交换，而是使用货币作为中介，两国政府发行的货币分别叫 X 币和 L 币。在本国，一国货币可以直接按照 1 元 1 斤食物的价格进行购买。在国外，一国货币可以按照一定比例兑换成另一国货币，并按照当地价格购买粮食。最初两国政府约定的兑换比例是 1∶1。也就是说，X 国的居民既可以拿着 1 元 X 币在本国购买 1 斤粮食，也可以兑换成 1 元 L 币，到 L 国购买 1 斤粮食。明确了这些基本假设，我们的故事就可以正式开始了。

第一个故事：经济增长

假设第一年两国是完全一样的，都各有 50 个年轻人和 50 个老人，50 个年轻人每年生产 100 斤粮食，他们自己吃掉 50 斤，剩下的 50 斤粮食按照 1 元 1 斤的价格卖给 50 个老人，50 个老人自己不参与生产，这样两国的 GDP 都是 100 元。在假设两国的粮食没有任何差别的情况下，如果两国都可以自给自足，那么加入货币系统对两国的情况并没有什么影响，只不过交易更加方便（不用抱着粮食以物换物了），计价单位发生变化。

假设第二年 X 国更加年轻化，变成了 60 个年轻人，40 个老人，60 个年轻人每年可生产 120 斤粮食，本国还是消费掉 100 斤粮食，剩余 20 斤，其当年的 GDP 为 120 斤，经济增速为 20%。L 国则出现老龄化，变成了 70 个老人，30 个年轻人，他们仍需要消费 100 斤粮食，但却只生产了 60 斤，差额的 40 斤都需要从 X 国进口。其当年的 GDP 为 60 斤，经济增速为 –40%。

这个时候，假设信息是完全的，X 国和 L 国的国民们会如何选择呢？对 L 国的人来说，他们知道本国的粮食只能满足 60 个人的需求，剩下的 40 个人必须从 X 国进口，而从 X 国进口必须使用 X 币，于是他们的第一反应一定是把 X 币换成 L 币，这样有两个好处：一是可以让他们优先买到粮食吃，避免挨饿，因为 L 币只有 60% 能买到粮食，而 X 币一定可以买到粮食，二是可以有更多的选择，因为 L 币只能在 60 斤粮食里面选，X 币可以在 120 斤粮食里面选。而对 X 国的人来说，他们也知道持有 X 币有这两个好处。

那么问题来了，两国人民会如何选择呢？答案很明显。L 国的人会

争相把 L 币兑换成 X 币，而 X 国的人肯定不愿意把手中的 X 币按 1 : 1
的原价兑换成 L 币，X 币出现升值，L 币出现贬值。这就是我们要讲的
第一个故事：从长期来看，经济增长较快的国家的货币更倾向于升值，
反之更倾向于贬值。

回到现实世界，让我们先看一下被视为国际最强货币的美元，其
长期汇率走势与美国经济的相对走势完全一致。这里我们说的汇率是
美元实际有效汇率，而不是大家通常关注的美元指数。实际有效汇率
衡量的是美元兑一揽子货币的加权汇率，更能反映美元的综合购买力，
而美元指数只考虑了对欧元、日元、英镑等六种货币的相对购买力。
自 20 世纪 70 年代布雷顿森林体系崩溃以来，美元大致经历了两轮大
的升值（1977—1984 年，1995—2001 年）和贬值周期（1985—1994 年，
2002—2011 年），而这与美国经济地位（用美国与其他所有国家的实
际 GDP 之比来衡量）的两轮上升和下降周期完全吻合。

当前市场讨论的美联储利率调整似乎并不是关键，加息并不一定带
来升值，降息也不一定带来贬值。比如 2004 年到 2006 年美联储 17 次
加息，但由于美国经济与其他国家 GDP 的比例从 40.9% 降到 37.3%，
美元仍然贬值了 4.1%。又比如 2007 年到 2008 年美联储 10 次降息，但
由于美国成为金融危机后复苏最快的安全港国家（2009 年美国与其他
国家 GDP 比重从 30.5% 回升到 31.8%），美元在 2008—2009 年一度出
现升值，最多升值了 15%。

从 2011 年到 2015 年 12 月美联储加息，美联储虽然一直维持了近
零利率，但同样由于美国经济的相对占比在 2011 年就已经见底，美
元的实际有效汇率也从 2011 年开始持续反弹，到 2015 年 11 月反弹了
22%。未来美元能否继续升值，关键还是在于美国经济能否一骑绝尘。

短期来看，美元升值的幅度已经远远领先于美国经济的改善，美元已经阶段性见顶，而从加息之后美元的调整来看，明年美元继续大幅升值的可能性不大。长期来看，如果美国出现新一轮技术革命或其他国家爆发系统性危机（比如中国经济崩溃）导致美国经济比重上升，那么美元将继续升值周期，而如果美国在技术革命方面表现平平、其他国家也陆续跟进复苏（比如欧洲经济复苏），那么美元的升值周期已经结束。

再来说一下人民币的问题。中国过去一直是一个高速增长的"X国"，因此人民币也一直是炙手可热的"X币"，自1994年汇改以来基本保持了单边升值趋势。大家平时更关注人民币对美元汇率，但其实世界上不止中美两国，我们在评判人民币汇率时更应关注人民币对一篮子货币的走势，这也是近期央行高调推出人民币汇率指数的原因。1994年到2014年，在人口红利、改革红利和开放红利的推动下，中国经济地位直线上升，与其他国家GDP的比重从6.3%大幅提升到20%，人民币实际有效汇率也随之从75升值到125，升值幅度接近70%。尤其是2005年二次汇改以来，人民币和中国经济手牵手一骑绝尘。

未来人民币会持续贬值？这种判断显然缺少经济基础。即便今年811汇改之后人民币兑美元大幅贬值近5%，但从对一篮子货币的实际有效汇率来看，人民币不仅没有贬值，11月相对8月汇改前还升值了0.1%，相对年初则升值了3%以上。原因很简单，中国经济依然是世界上增长最快、增量最大的经济体之一，预计2015年中国经济增速在6.9%左右，而同期的全球经济增速可能只有3.1%。未来中国经济虽然还有下行空间，但横向比较，只要不发生系统性风险，中国与其他国家的相对力量依然有很大的提升空间。简单来说，虽然中国经济变慢了，但其他国家更慢，所以人民币并没有持续贬值的基础。

但细心的读者会发现：在 2005 年之前，人民币汇率与中国经济的关系似乎并不密切，尤其是 2002 年到 2004 年之间，虽然中国经济一直走强，但人民币却狂贬了 20%。

为什么会出现上述背离？未来这种背离会不会再次出现？这就是我们接下来要讲的两个故事。

第二个故事：汇率制度

刚才的故事隐含了一个重要假设：汇率是自由浮动的。当 X 国的人感受到 L 国的人都想把 L 币兑换成 X 币时，他们可以自由地提高 X 币和 L 币的兑换比率。但如果 X 国的政府不让他们这么做呢？

假设两国政府为了避免经济波动带来的汇率波动，事先约定好共同维护 1∶1 的兑换比率。这样到了第二年 X 币出现升值压力时，X 国政府就必须采取行动了。

第一种方法是完全的价格控制，即固定汇率制。X 国政府规定所有的货币交易必须通过政府来进行，一切不经过政府的货币交易都是违法的，这样一来 X 国政府就可以保证对货币价格的直接干预。这种情况下，尽管大家仍然想要把手上的 L 币换成 X 币，但由于 X 币的持有者不能在官方控制的市场上提价（1 元 X 币在官方市场只能换 1 元 L 币），导致很多人会想办法绕开政府进行交易，这就是所谓的"黑市"，而官方市场和黑市的套利价差最终会让这种双轨制崩溃，因此任何一个国家都不可能单纯依靠价格干预实现固定汇率制。

1979 年到 1994 年间，人民币汇率就实行挂牌价和调剂价的双轨制，官方规定美元兑人民币汇率为 1 : 5.762，但实际上这个价格在市场上根本买不到美元，大量的交易流向市场化定价的"黑市"，巨大的贬值压力最终导致人民币双轨制在 1994 年第一次崩溃。1994 年，人民币便被迫实行汇改，将官方汇率和市场汇率并轨，人民币一次性贬值到 8.72 : 1。

但在那之后，官方依然没有放弃固定汇率制，1994 年到 2005 年间人民币兑美元基本维持在 8.28 : 1。这段时间固定汇率之所以可以维持较长时间，主要是受益于中美相对基本面比较稳定，大部分时间里中国和美国的经济力量对比都保持在 4.2 : 1，这导致汇率升贬值的压力都不大。直到 2001 年中国入世之后，中国的相对经济地位开始迅速提升，2001 年到 2005 年间，中国与美国的 GDP 之比从 1 : 4.1 攀升到 1 : 2.8，导致人民币兑美元积累了巨大的升值压力，最终迫使央行在 2005 年 7 月实施第二次汇改。

第二种方法是有限的价格和数量干预，即有管理的浮动汇率制。既然单纯的市场控制不可行，X 国政府便想了一个新方法：市场可以在一定范围内调整汇率，但是不能超过官方汇率的 ±1%（这就是所谓的中间价干预），同时政府将直接参与市场买卖，平衡市场供求。简单来说，当大家对 X 币的需求上升时，政府就把手里的 X 币抛到市场上，自己增持 L 币。当大家对 X 币的需求下降时，政府就把手里的 L 币抛到市场上，自己增持 X 币。

这就是中国人民银行在 2014 年之前天天在干的事情。2005 年汇改到 2013 年年底 QE 退出，由于人民币汇率持续承受升值压力，央行被迫在市场上持续抛售人民币，增持外汇资产，由此央行口径的外汇占款从 2005 年的 5 万亿飙升到 2014 年的 27 万亿。从 2014 年开始，尤其是 2014 年下半年之后，人民币对美元逐渐出现贬值预期，央行逐步开始减持外汇资产，在市场上购入人民币，央行口径外汇占款从 2014 年年中到 2015 年 11 月大幅下降 1.74 万亿。这虽然在相当一段时间内保持了人民币汇率的稳定（甚至还在升值），但当干预力不从心时，汇率的贬值压力终将释放，这就是 2015 年 8 月 11 号汇改一次性贬值的原因。

但是大家可能会有疑问，如果按照第一个故事，这两年中国经济增速虽然在下滑，但相比美国还是快很多，人民币不应该贬值压力这么大，为什么会出现这种现象呢？这就是我们要讲的第三个故事。

第三个故事：资本流动

回到 X 国和 L 国的故事。在前两个故事里，货币只有一个职能：买卖商品，因此当大家预期 X 国未来能生产更多的商品（粮食）、X 币未来购买力更强的时候，大家都会愿意持有 X 币，而不愿意持有 L 币。但如果持有货币还有其他的用途呢？

假设第二年 X 国没有变化，而 L 国在本国的一个小岛上突然发现了 20 个年轻人，但这些年轻人现在没吃的，也不愿意干活，怎么办呢？L 国政府想了个办法，向大家借了 20 元 L 币，先给这 20 个年轻人当工资，等年底生产完成的时候，20 个年轻人生产出价值 40 元的粮食。他们按照年初的规定，把生产所得的 40 元全部归还给政府，政府再把这 40 元全部还给借钱给政府的债主。对这些债主来说，他们年初付出了 20 元，年底得到了 40 元，收益率是 100%，而且由于有 L 国政府担保的，这个收益率就成了无风险收益率。

这样的结果是什么呢？对持有 X 币的人来说，如果不买粮食，持有1元X币到第二年还是1元。但对持有L币的人来说，如果不买粮食，把持有的1元L币借给政府（相当于投资政府债券），第二年就可以无风险地获得2元。结果一定是大家都竞相把手中的X币换成L币，L币出现升值。这个过程中，商品没有发生任何贸易，但资本发生了流动。换句话说，一个货币除了会因为可以购买更多的商品升值之外，也可能因为可以获得更高的投资收益而升值，这就是经济学里常说的利率平价理论。

近两年人民币对美元之所以贬值压力骤然加大，就是因为投资人民币资产的无风险收益率明显下降，而投资美元资产的无风险收益率趋于上升。2013年之前，由于地方政府强烈的融资需求和刚性兑付的存在，中国的无风险收益率持续上行，一方面10年期国债收益率最高上行到2013年年底的4.7%左右，另一方面实体经济中各种依托政府信用和地产信用的非标资产层出不穷，很轻松就可以找到两位数收益的无风险资产。而反观美国，无风险收益率总体处于下行通道，这样的结果显而易见，国内居民企业的结汇意愿强烈，国外热钱也不断涌入，大家都想持有人民币资产，以赚取利差。人民币随之持续升值。

但从2014年年初开始，情节开始反转，中美利差进入下行通道，人民币随之迎来贬值压力。（1）从中国来看，无风险收益率快速见顶下行。首先，2014年年初央行首次提出"有序打破刚性兑付，高收益资产的风险越来越高，无风险的高收益资产越来越少"。其次，2014年10月43号文发布，地方政府经由融资平台的融资需求被戴上了紧箍咒，大量原来享受政府显性和隐性担保的高收益资产消失。最后，高利率、高库存和人口老龄化因素导致房地产市场从2014年开始持续下行，房价下跌，房地产企业收缩投资，过去依托地产的高收益资产风险加大、收益下降。（2）从美国来看，2014 年美债收益率还在下行，原因一方面是全球经济和地缘政治动荡带来的避险需求，另一方面是美联储加息预期一再推迟，这导致中美利差在 2014 年收窄并不明显，人民币的贬值压力也相对较小。但从 2015 年开始，由于美国经济相对于其他经济体持续稳定扩张，美债收益率还是开始逐步攀升，导致中美利差快速收窄，目前已经从年初的 1.8 收窄到 0.6 个百分点，这也是人民币在今年贬值压力加大、迫使央行一次性贬值的原因。

那么问题来了，未来中美利差的走势会继续收窄吗？人民币会持续贬值吗？短期来看，节奏一定是可控的，因为如果压力太大，L 国政府完全可以宣布不允许资本自由流动。现实生活中，中国不会完全不允许资本流动，但可以通过适度加强资本管制避免汇率的过度冲击。比如近期人民币贬值压力较大的情况下，央行已对窗口指导机构暂停申请新的人民币合格境内机构投资者（RQDII）相关业务。

但长期来看，资本管制很难一直存在，利差和汇率最终取决于什么？回到刚才的故事，L 国政府为什么愿意按 100% 的成本借钱？因为他知道借钱给那 20 个年轻人可以在第二年获得 100% 的收益，而支撑这个收益的是 20 个年轻人超强的生产能力。假设 20 个年轻人只能生产 20 元的粮食，那么刚才的债务关系就会出现违约，100% 的无风险收益也无从谈起。归根到底，利率取决于一国的经济基本面，两国的利差和汇率均取决于两国经济的相对实力，这正是我们讲的第一个故事。说到底，如果要遏制人民币的贬值趋势，最重要的是改善中国经济的基本面，如何改变？这就是我们要讲的最后一个故事。

第四个故事：改革转型

假设 L 国政府想要提高本国货币的收益率，可以采取哪些方法？第一种思路，找到更多的年轻人。既可以鼓励自己的国民多多生育，也可以开放移民政策，让更多的年轻人来本国生产生活，年轻人多了，政府就可以压低借给年轻人的工资，比如过去借给年轻人 1 元，他们生产 2 元，收益率是 100%，但如果借给他们 0.5 元，他们生产 2 元，那么收益率就是 300%。回到现实中，这就是中国加快放开全面二胎政策的原因。第二种思路，提高现有年轻人的生产能力。假设 L 国突然发明了一种新型的设备，生产效率大幅提高，同样的 1 个年轻人用同样的 1 元钱工资过去只能生产 2 元，现在可以生产 4 元，收益率也可以从 100% 提高到 300%。回到现实中，这就是中央提出创新驱动发展战略，并把创新发展放在十三五规划五大理念之首的原因。

不管是吸引年轻人，还是技术创新，都离不开制度改革。如果人民币想要避免持续贬值，未来唯一的出路是改善中国经济增长的基本面，提高人民币资产的相对收益率。

结论

一、长期来看，美元的实际有效汇率和美联储加息降息没有关系，关键取决于美国经济的相对基本面。近年来美元的大幅升值已经明显领先于美国经济的改善，美元已经阶段性见顶。未来如果美国能够引爆新一轮技术革命，在下一轮经济角逐中赢得先机，那么美元会持续升值。但如果美国并没有出现明显的技术进步，那么美元高位震荡的可能性更大。

二、中美经济基本面的相对变化导致中美利差加速收窄，人民币对美元仍有贬值压力，但由于中国尚有充足的外汇储备和资本管制能力，这种贬值的节奏一定是可控的。长期来看，如果中国经济无法比美国经济更快的改革转型，那么等到外汇储备耗尽、资本管制维护成本超过收益的时候，人民币会出现持续贬值。如果中国经济能够比美国更快的实现改革转型，借此提高人民币的贸易和投资吸引力，那么人民币对美元将重回坚挺。

三、从目前的情况来看，中国的情况没有那么糟，美国的情况没有那么好，其他国家的情况相比中美更是一塌糊涂，人民币可能对美元略有贬值，但相对一篮子货币仍然强势。对市场来说，可以为人民币担心，但大可不必为人民币哭泣。

（管清友：中国社会科学院研究生院博士。现供职于清华大学国情研究中心，从事中国国情研究。主要研究方向为世界经济、能源经济学和货币史。）

银行躺着赚钱的"好日子"咋就没了呢？

张平 / 文

3 月 30 日中国工商银行、中国银行、中国建设银行在同一天公布了 2015 年业绩报告，净利润增速纷纷跌至 1% 左右，与两年前的双位数增长挥手诀别。对此，工行行长易会满在会议上无奈表示：2016 年利润增长是正是负都难说了，只能"天帮忙，人努力"。

曾几何时，银行业始终保持净利润增速 20% 以上的高增长。但 2013 年起，银行业开始出现疲态，2014 年，季度净利润同比增长降至 14% 左右就已经掀起了舆论风波。如今却连 1% 都不到，只能感叹"韶华易逝"。

工行行长易会满之所以对今年利润增长不如从前充满自信，主要原因有二：从外部来看，宏观经济发展大势和国家政策会否有变。如利率、营改增、存准率都会影响银行利润。而从内部来看，银行自身如何转型创新、风险管控。所以要完成全年计划需要"天帮忙，人努力"。

不过，虽然 2015 年各大银行的利润增速大幅放缓，工行和建行的净利增速均跌破 1%，分别为 0.5%、0.28%，中行净利润增速稍好一点，为 1.25%，三大行均交出了近十年最差的业绩。但实际上银行方面赚的钱并不少。据工行、中行、建行这三大行年报，三大行日赚合计 18.77

亿元，其中中行日赚 4.92 亿；工行日赚 7.6 亿；建行日赚 6.25 亿。只不过现在的利润增速与过去年均 20% 利润增速相比，中国银行业的利润增速滑坡幅度的确惊人。

先了解一下银行赚钱模式。其一，赚息差。银行吸收居民手中的存款，然后再把存款贷出去，一进一出银行从中可赚取中间息差。其二，支付结算和手续费，消费者出去购物吃饭 POS 机刷卡，所支出的手续费、服务费，银行也要分得一杯羹。其三，除了存贷息差以外的业务都统称为中间业务，因中间业务不计入资产负债表，所以又称为表外业务，如银行理财、信托、基金等业务。

笔者认为，2013 年之前银行业的利润高增长不仅得益于经济高增长降低了银行不良率。同时，信贷大跃进又使银行业坐享存贷高利差。更是由于国内投资渠道匮乏，利率水平长期偏低，储户将存款投向银行理财产品。理财业务快速增长促进银行利润率上升。现如今，银行业突然"落寞"并非一天形成，与整个经济大环境是分不开的。

首先，近年来央行推进利率市场化的脚步不断加快，银行净息差从高位回落。之前银行存、贷利率都由央行决定，这样可保证 3 个点左右的息差，而百姓的理财渠道又少，所以只能把钱交给银行，企业多途径融资渠道也不多，只能求银行贷款，所以银行就能"坐享其成"，躺着赚钱。

但进入 2013 年后，利率逐渐市场化，投资理财渠道开始增多，为了吸收更多的存款，中小银行都上调了存款利率，大银行也只能紧跟其后，所以银行息差明显收窄。而息差收窄的结果，直接影响到银行利润增速的大幅放缓。所以，银行业要想利润增速探底回升，只能拓展中间业务或投资业务。

再者，各种宝宝类互联网金融产品的"横空出世"，不仅使银行存款大搬家，而且还使银行类理财产品拥有了强劲的竞争对手。阿里巴巴集团主席马云曾说过"如果银行不改变，我们就去改变银行"。随着余额宝面世，众多"宝宝类"理财产品也脱颖而出。

过去银行把储户存款当作极为廉价的资源，只给0.35%的活期利率，银行的存贷差随之扩大，每年利润增速自然不会小，但现在储户们发现干吗不放到"宝宝类"货币基金里面，坐享3%以上的协议存款利率。于是各大银行为了对抗互联网金融的来袭，只能将各档期利率向上调整。

最后，宏观经济不给力，银行的利润高增长时代已经过去。一方面中国经济的持续下行，使得银行的不良贷款和不良率急剧上升，于是银行在贷款上更趋谨慎，这就造成了银行即使有可贷资金，也不敢轻易放贷。

另一方面，经济高增长时期的信贷扩张，使银行业尝到了苦果，四大行的新增不良贷款达2261亿元，农行不良率破2%，成了"重灾区"。不良贷款上升，资本充足率上调，吞噬了银行的净利润。

从2011年民生银行行长洪崎说，"我们银行业赚钱赚得不好意思公布"，到现在工行行长易会满对完成今年利润正增长缺乏信心。我们发现，银行业的大环境正在逐步改变。随着经济高增长和高利差时代结束，银行业已经面临转型关口，要么利润率增长继续萎缩，要么开拓中间业务、创新业务完成结构转型。

（张平：1975年生，毕业于上海财经大学国际金融专业。现任上海富大集团公司副总裁，兼理财杂志、投资客杂志、投资中国杂志的财经评论员。）

金融改革自主才能避险

侯峰 / 文

经过多年努力，人民币国际化终于迈出重要一步，2015 年 11 月 30 日，在亚洲基础设施投资银行正式成立前夕，国际货币基金组织终于接纳人民币成为该组织的国际储备货币，标志着人民币国际化前进了一大步，国人欢欣鼓舞。国际货币基金组织主席拉加德称，人民币纳入特别提款权一揽子货币是一个重要里程碑，是对中国改革进程的认可，并表示中国将实施更多的金融改革。持有一票否决权的美国突然转变态度，除了人民币纳入特别提款权乃众望所归，阻挡中国最终将孤立美国自己外，另一个关键因素是中国在现有金融体系外另起炉灶主导的亚投行已经开始颠覆现有国际金融秩序，分化美国的铁杆盟友，并且正在吸引除美日以外几乎所有国家的兴趣，才是比接纳中国进入现有体系，美国更不愿看到的。对中国来讲，加入美国主导的国际货币基金组织和世界银行构成的国际金融体系的重要性大大降低，充其量只能算锦上添花。把中国拉回到美国主导下的国际体系，进而遏制一个由中国主导、一呼百应，全新金融体系的崛起，乃是美国重要战略选择之一。

与拉加德盼望中国将实施更多的金融改革一样，美国财长在中国股灾爆发后，首先关注的是"我希望（股市动荡）不会让中国经济改革的速度放缓"。美国为首的西方社会十分操心由于股灾造成中国经济改革，特别是金融自由化改革放缓或停止。美国对人民币国际化放水，不管主观意图如何，至少客观上起到从外部对中国金融自由化改革注入一剂强心针的作用，势将配合中国国内新自由主义改革派对陷于停顿倒退状态的市场化、自由化、国际化改革形成内外夹击的倒逼架势，逼迫中国一举迈过汇率、利率市场化、国际化，资本项目自由化和货币自由兑换等长期难以逾越的门槛。

美国一方面战略上重返亚洲，积极网罗盟友、准盟友构建围堵中国的"亚洲北约"，在东海南海挑事闹事，处心积虑地把中国排斥在TPP及美国主导的国际金融体系之外，另一方面美国却热衷中国经济改革进程，急不可待地希望它早日完成，美国真的希望看到中国经济改革成功为中国崛起增加动力吗？

2015年发生的前所未有的股灾，让国人终于感受到金融风险就在眼前的切肤之痛，做空中国的股灾却已经使得十万亿元资本蒸发。假使没有现有的公有制体系和高效的中国政府全力护市，股灾势必动摇国本。不难推算，如果股灾发生在包括开放资本项目在内的金融自由化、市场化、国际化改革彻底完成，捆住政府干预市场"闲不住的手"，届时中国靠什么预防、阻止危及国家命运的金融系统性风险呢？美国控制的世行和国际货币基金组织20世纪八九十年代依据新自由主义华盛顿共识顶层设计的拉美、东南亚金融改革，为那些地区改革不久后发生的金融风暴最终导致经济危机埋下祸根。

股灾发生后，中国政府进行了深入调查，揪出不少体制内外的"黑手"，中国的股灾与 90 年代以来发生的一系列金融危机，拉丁美洲、东南亚、韩国、俄国金融危机的共同之处在于都是刚刚经历了世界银行依据新自由主义华盛顿共识顶层设计的金融体系改革。共同的罪魁祸首显然是世行主导的制度设计。

多年来中国一直努力融入西方主导的国际社会，中国只想根据现有规则体现自己的义务、责任和利益，根据实力在国际货币基金组织和世界银行当中增加与自己身份相匹配的份额而已。然而由于美国的阻挠，中国在国际金融体系的发言权被人为大幅降低，等于排斥在现有国际金融体系之外，不得已中国只好动脑筋建立中国主导的金融体系，创立独立于现有体系之外的亚洲基础设施投资银行，并出人意料地获得一呼百应的成功。显而易见世界早已对美国主导的国际体系心生不满，人心思变、人心思治。见此情形，美国不得已做出让步，不再坚持否决中国在国际货币基金组织的合理权益。

改革 30 多年，凡是被美国为首的西方封锁的领域，中国都能做得风生水起。美国不允许中国加入国际空间站，中国不得已建成自己的空间站并实现太空行走。欧洲最初接纳中国加入伽利略卫星导航系统，却不让中国参与核心技术，中国不得已自主开发北斗系统，现在北斗组网不仅大大领先伽利略，而且在总体性能上超过 GPS 和伽利略系统。不难预见，在世行、IMF 发言权问题上，美国再封锁中国几年，中国主导的亚投行必会风生水起，引领世界金融改革的新潮流。

中国要跻身全球经济治理决策层，牢牢把握制度性话语权，首先要牢牢把握建立在理论自信、制度自信、文明自信基础上，中国自身深化改革的话语权，自主理论体系的金融改革才是避免系统性金融风险的体制保证，才不至于为了人民币国际化而被别人牵着鼻子走。决不能让新自由主义迷信把深化改革引入歧途。

（侯峰：清华大学毕业，曾在政府发展研究中心工作，参与和见证了改革开放前期中国的大变革。90年赴美留学，现在美国从事信息安全，系统控制和管理工作。出国后，延续国内的经历，一直用心体会，观察，比较，和反思中美的政治制度，文化差异；分析，探索两国的国家战略；汲取西方工业化社会成熟的企业文化和管理经验；站在海外的视角，为祖国的崛起而思考。）

金融业迫切呼唤价值担当

欧阳君山 / 文

近几年来，以互联网金融的蓬勃兴起为标志，金融业的改革、发展与转型，成绩突出，形势向好。尤其金融业的垄断局面相对被打破，民营金融获得了越来越大的生存与发展空间。但金融领域相继发生的一些事件也让人不无忧虑，典型如今年六月到八月间的股市暴跌，甚至有投资机构涉嫌恶意做空，高级管理人员出事。这提出了一个有普遍意义对金融业尤具现实针对性的严重问题：在市场经济下，自由选择构成基本前提，也属于核心要素，但自由是不是也得有价值担当？前不久发生的某金融学者被一群投资人追打的事态似乎做出了郑重提醒：人不是一座孤岛，个体自由其实是与整个社会联系在一起的。

自由是有价值方向的自由

自由通常被理解为没有方向，随心所欲，岂有定向？但实际上，由于不能够循环"自"证，用马克思的话语讲，人不是"单个人所固有的抽象物"，人不得不与人在一起，人的本质在社会性，人的自由从一开始就是有方向的，不仅有方向，而且有清晰的底线、红线和限度。这是标榜自由主义的西方主流经济学也不否认的，在自由市场上，交换双方都必须尊重对方意愿，不得强买强卖，这不是自由的底线吗？在自由市场的作用过程中，如果有"负外部性"溢出，相关的市场主体必须受到节制甚至惩罚；"帕累托改进"更是鲜明提出，即便是增进整体利益，也不得损害任何一方的利益，这不明显都意味着自由的红线吗？

从自由市场的最终结果看，一般均衡的存在性证明更是昭示，自由是向着价值并趋向整体的自由，不讲价值，无视整体，就不会有一般均衡，而只会是"公地悲剧"：一群牧民在一块草场放牧，因为无偿，每个牧民都希望放养尽可能多的羊，结果导致羊的数量无节制增长，草场严重超载，质量大幅下降，最后沦为不毛之地，羊一只只饿死，牧民一个个破产。包括 2008 年国际金融危机在内，经济危机实质上都是不讲价值、无视整体、偏离均衡的公地悲剧。

"劣币"如何"自由"驱逐"良币"

由于现行市场经济模式缺乏限定系统的前提，往往是在一个超大的系统内进行，最容易鱼龙混杂，自由的价值方向通常必须通过反证，也就是"不撞南墙不回头"。但事实上，不必通过"不撞南墙不回头"甚至公地悲剧的反证，自由的价值方向也是市场主体心知肚明的，症结在于市场主体唯利是图，缺乏自律，没有价值担当，反以投机甚至罪恶假自由之名。讲一个小故事：

张三在杏花村开酒店，由于酒好味醇，生意火爆，牧童遥指。李四看在眼里，想在心里，也到杏花村开酒店，但根本不知道弄酒，纯粹是眼红张三大把赚钱。但李四有自知之明，不仅把酒店选址在一个交通更加便利的位置，而且把酒店装修得十分排场。张三一开始没在意，认为自己的酒是真家伙，对方都没弄过酒，还想叫板不成？更何况自己在此经营多年，有稳定的客户。但客流量不客气，马上就有了下降。这正常不过，李四的酒店新开张，多了一重信息干扰。尽管不知道李四的酒怎么样，一部分本地客人肯定要去尝尝鲜，外地客人可能更愿意一睹为快，因为这里的装修更排场。甚至村口的牧童也受到信息干扰，由于没喝过，不知道哪家的酒更好，不能随便指了。张三还算精明，立即做出调整，也大搞装修。但心里还是有些别扭，觉得这是做表面文章，甚至时不时一声叹息：这世道怎么啦？李四则另一种心态，虽也重视把酒弄得醇正些，但拿手好戏就是做表面文章，看到张三也大搞装修，更在村口竖起广告牌，标榜"杏花村正宗"，还贿赂牧童一些好处，以至于牧童再也不指了，有客人问起，就眼神往广告牌上一飞。张三得知，晕倒……

事情就这样越搅越复杂，一个仿冒做酒的搅得一个真做酒的没法子安心做酒了！可谁能说李四的不是呢？尽管干的是仿冒做酒的勾当，但他并无强买强卖，而是市场以消费者自由投票选出来的王者。但毫无疑问，李四是个不折不扣的投机分子，如没有张三的祖传好酒在先，李四会开酒店吗？李四甚至都不会到杏花村来，说白了，李四就是张三的寄生虫！有人可能辩解：李四刺激张三搞装修和广告，带动了服务业，不也是贡献？有人甚至要声张：不要恐惧李四，经过一定的时间检验，市场会做出公正的判断，真酒就是真酒，仿冒就是仿冒。这都有一定的道理，如允许相应时长的博弈，真的一定战胜假的，正如有名言提到，最高明的骗子也不可能在所有时刻欺骗所有人。但在特定的时间区域，假的完全可能战胜真的。由于现实情势的复杂和残酷，所允许的时长往往极其有限，"劣币"更有可能驱逐"良币"，假的更有可能战胜真的——张三不就被李四"逐"得都睡不好觉了么？

金融业怎样担当价值

自由原本是有价值方向的自由，而不是随心所欲的自由，如果说随心所欲，也必须是正能量的随心所欲，向着价值、趋向整体、走向均衡。作为市场经济中具有战略制高性和控制力的行业，金融业尤其不仅要坚守价值方向，而且要有责无旁贷的价值担当。具体而言，金融业及其从业人员应该做好以下三点：

首先，要有坚决服务实体经济的谦卑与意志，不做"脱实向虚"的夏洛克！

"世界是我们的，做事要大家来！"从根本上讲，一切能够优化资源配置的行为都是创造价值的，但并非"眉毛胡子一把抓"，这里面存在本与末的区分，也存在先与后的区别。制造业为本，实体经济为本，包括金融业在内的服务业，是为实体经济服务的，这一点不能"乱伦"。金融业的确创造价值，但不是空手道，是基于并通过实体经济创造价值，如果没有实体经济的基础，再新鲜的金融创新也只是空中楼阁，"华尔街危机"已经有力证明这一点。金融业一定要站在从属实体经济的本分，一定要有服务实体经济的自知，高度警惕"脱实向虚"，自觉抵制自我循环的金融游戏，不做"钱商"夏洛克。

其次，要有坚定培育潜在价值的眼光与耐心，不做跟风追星的"势利眼"！

追求利润是任何一个市场主体的出发点，金融业亦不例外，应该也必须有自己的利益考量。但作为市场经济中具有战略制高性和控制力的行业，金融业更应该也完全可以长远利益为追求，而非鼠目寸光，甚至也沦到跟风追星的"势利眼"。这就需要金融业有一双识珠的慧眼，能够发现市场上的潜在价值，乃至自觉主动为潜在价值充当伯乐甚至孵化器，让潜在价值尽可能提前释放于市场，服务于社会。这里面特别要留意科技创新，马云对王健林下赌"电商"到 2020 年胜过"店商"时打过一比方："一头羊把其他的公羊打败了，觉得天下第一了，狼一看，咔，瞎搞，瞎整，因为它完全是两种不同思考的作战。"科技创新才是"创造性破坏"的狼，是金融业最应该密切跟踪的潜在价值。

最后，要有坚强扶持"良币驱逐劣币"的刚正与信心，不做同流合污的投机客！

在自由市场的作用过程中，由于难免鱼龙混杂、泥沙俱下，更由于四方喧嚣、乾坤未定，极容易诱发市场主体的投机心理，甚至高发"劣币驱逐良币"的现象，就像杏花村不懂酒的李四驱逐有祖传好酒的张三那样，最终使市场偏离整体均衡，直至公地悲剧。作为市场经济中具有战略制高性和控制力的行业，金融业不能够做同流合污的投机客，更不能自我沉沦为"劣币"，而应该也完全能够挺身而出，坚强扶持"良币驱逐劣币"，实现正向价值引导，成为保障市场整体均衡的中流砥柱。

"电视剧插播广告之中"的现实

不幸的是，由于资本的高积累性和高流动性，当今世界几乎就是"钱商"通吃的天下，中国也不例外。这从企业利润上有充分反映，多年以来，银行业一直就是最赚钱的行业。据 2013 年上市公司年报显示，16 家上市银行净利润总额超过 1 万亿元，占据全部上市公司净利润总额半壁江山，情势正好比通常所讲的"电视剧插播广告之中"。原本金融业是服务并服从实体经济的，应该广告插播在电视剧之中，但如今反了，是电视剧插播在广告之中，金融业坐享大成，以至于有银行高管早几年就坦承，"有时候利润太高了，自己都不好意思公布"。中国金融业迫切需要进一步通过改革、发展与转型来实现自己本分的价值担当！

（欧阳君山：融贯古今，会通中西，注目礼思想体系创建人，注目礼书院首席导师。）

用共赢经济学思想重构医药卫生体制

任凌云 / 文

2008 年以来，新医改稳步推进，国家每年对医疗卫生行业投入都有较大幅度增长，但是困扰政府和人民的药价虚高看病贵、医疗资源短缺看病难、老百姓无钱看病的医疗领域三大顽症依旧存在。本文将对药价虚高看病贵、医疗资源短缺看病难、老百姓无钱看病的医疗领域三大顽症根源进行分析，运用共赢经济学理论，构建一个既能发挥政府的民生保障功能，又能发挥市场高效率的新医药卫生体制，从而根治药价虚高看病贵、医疗资源短缺看病难、老百姓无钱看病三大顽疾。

医疗领域三大顽症的根源分析

一、错误价格管制是药价虚高的根源

1. 错误的价格管制扭曲了市场价格机制。现行的价格管制——制定药品价格政策和医院制定的固定毛利率加价政策扭曲了市场机制，导致定价越高的药越有市场竞争力造成的。因为利润率是固定的，医院要追求利润最大化，就必然造成医院药品进价越高，医院获得的利润也就越大。价格管制不但使医院愿意进高价药，而且生产高价药的药

厂还有利润空间。

2.错误的价格管制破坏了市场消除信息不对称的功能。尽管市场经济中的任何一个行业与医药行业都是一样，对于买方而言，都处于信息不对称的不利一方。但是市场本身具有存在一个解决信息不对称的机制，尽管医院、医生和患者之间存在信息不对称，但是作为竞争对手的医院与医院、医生与医生之间是不存在信息不对称，市场竞争就是消除医院、医生与患者信息不对称的良方。可是药品价格都是发改委统一定价，这种政府定价制度就让医院之间不能采取降价这种竞争手段，使各个医院、各个医生之间在使用每一种药问题上达成勾结，破坏了市场机制自动消除医疗行业信息不对称的功能。

3.错误的价格管制破坏了医院的内控机制。如果没有价格管制，医院拿到24元每盒的药，就可以销售88元，医生也不能拿回扣了，因为医生拿回扣就拿掉的医院的利润。但是有了价格管制医院只能有13.2元利润，拿多了就要属于违法行为。在这种情况下医生拿回扣与医院收入无关，医院就对医生拿回扣的行为睁一只眼闭一只眼了。而且如果没有价格管制，医院24元进价药，不可能长期卖88元，市场竞争会让价格降到合理价位。博弈理论告诉我们在只有两个寡头的市场都不能在价格上达成一致，全国医院成千上万，如果没有价格管制，一种药的价格长期一致是不可想象的。

二、好医院稀缺看病难的根源分析

1.由于发改委的价格管制控制了医院的利润率，但是医院必须赚到一定数量的利润才能运转，所以就只好通过多开药来弥补低利润率的损失，又造成了大量医药资源的浪费。中国人用药过度就是明证，国家发改委副主任朱之鑫在十一届全国人大常委会第十八次会议举行联组会议就《国务院关于深化医药卫生体制改革工作情况的报告》开展专题询问时表示：去年一年中国输液用了 104 亿瓶，相当于 13 亿人口每个人输了 8 瓶液，远远高于国际上 2.5–3.3 的水平。

2. 医疗卫生行业计划和市场的双轨制限制了医疗机构发展。中国改革开放已经 30 年了，中国医疗体制改革一直没有完成，医疗卫生行业还处于计划和市场体制双轨运行状态。正是双轨运行体制导致医疗卫生行业缺乏公平竞争，限制了医疗卫生机构的发展。

医疗卫生行业双轨制的主要表现：一是在卫生部门的职能方面，对于公立医院来说，卫生部门是主管部门，对于民营医院来说，卫生部门是监管部门。二是在从业人员待遇方面，公立医院的从业人员享受行政事业人员待遇，私立医院享受企业人员待遇。公立医院的医生在评定职称和退休待遇上都有明显优势。三是享受政府投资补贴方面，公立医院可以享受政府财政资金支持，但是任何扩大投资都要受卫生部门等政府部门行政干预，而私立医院可以自主扩大规模，只能依靠自己赚钱滚动投资。

医疗卫生行业双轨制的主要危害：一是优质公立医院尽管赚钱很多，不能根据市场需要扩大规模再生产。二是这种认为计划控制使得优质医疗资源成为稀缺资源造成腐败问题突出。三是计划和市场体制双轨运行破坏了医疗领域的公平竞争，使私立医院赚钱困难，限制了私营医院的发展。私立医院因为属于企业性质，对医疗工作者吸引力低，不能享受政府补贴，成本更高，这些都导致私立医院处于不利竞争地位。

计划体制限制了公立医院的发展，不公平竞争又限制了私立医院发展，计划和市场体制双轨运行使医疗服务供给严重不足，导致了人民群众看病难。

三、普通老百姓缺钱看病的根源分析

1. 我国基本医疗保障体系把人分为三六九等，"嫌贫爱富"。一是我国的医疗保障体系条块分割，把人分成三六九等，按身份享受不同的医疗保障待遇。我国医疗保障把人分为城镇就业人口、城镇非就业人口、农村人口和城乡困难人群，分别享受城镇职工基本医疗保险、城镇居民基本医疗保险、新型农村合作医疗和城乡医疗救助，而且实行不交不补贴，交的多国家就补贴得多的政策。二是在报销医药费时，实现门诊自费，住院才报销，鼓励过度治疗。穷人就是没有钱，需要国家支持，实行不交不补贴，多交多补贴，让部分自以为身体健康的穷人放弃医疗保障。

2. 基本公共卫生服务体系缺乏节约高效。一是由卫生、防疫、血防、计生等部门执行公共卫生服务职能，不利于统筹安排和职能执行。二是公共卫生服务体系与医疗保障体系没有关联起来，建立科学的公共卫生服务体系考核机制，使基本公共卫生服务体系的工作人员拿别人钱替别人办事，既不讲节约，也不讲效果。

和谐共赢的医药卫生体制方案建议

一、建立普惠制统一基本医疗保险体系

1. 建立统一的医疗保险管理机构。将劳动局管理的职工、城镇居民医保、卫生局管理的新农合、民政局管理的医疗救助三个部门分管机构合并，建立一个统一的医疗保障机构，归口卫生部门管理。

2. 普惠制医疗保险制度设想。一是全体无偿平等享受国家基本医疗保险制度。国家出钱全体国民都无偿平等地享受国家补贴的基础医疗保险。将来政府提高补贴标准就提高报销比例标准。二是多缴多补商业医

疗保险制度。商业医疗保险具体交费报销比例还是由商业保险公司自主确定。

3.医疗保险首诊医院制度。以保险管理机构管辖范围确定首诊医院的步骤：第一步，确定首诊医院的资格，凡是有执业资格的医疗机构（包括合法的私人诊所）都可以成为首诊医院。第二步，居民可以根据地理位置和对医院了解程度自由选择首诊医院，首诊医院的主要权利就体现在500元免费治疗上，医保部门按着首诊人数和缴费的多少给该医院拨付首诊经费，病人看病就只按比例付费。第三步，受益人可以申请调整首诊医院。

4.医疗保险转院制度。在医院治疗无效或者病情加重的情况下，患者可以要求转院，首诊医院也可以要求患者转院。如果医院要求转院，患者不同意转院造成多余的治疗支出由患者自己承担。如果患者要求转院，而医院不同意转院造成病情加重或治疗无效死亡的患者可以拒付一切费用，已经支付的费用还可以追讨，并且可以通过法律程序追讨损失。之所以要制定这样的转院制度，就是既要保证医院的合法利益，也要标准患者的合法利益。医疗保险机构不能限制病人转院，但是可以根据规定减少报销比例。

二、健全基本公共卫生服务体系

1.建立统一的基本公共卫生服务体系管理机构。由卫生、防疫、血防、计生等部门执行公共卫生服务职能归口在卫生部门的统一归口管理。

2.建立健全城乡居民健康档案。城市居民健康档案建档工作由社区医院负责，农村居民建档由乡镇卫生院负责。定期为65岁以上老年人做健康检查、为3岁以下婴幼儿做生长发育检查、为孕产妇做产前检查和产后访视，为高血压、糖尿病、精神疾病、艾滋病、结核病等人群提供防治指导服务。

3. 重大疾病防控和重大公共卫生项目。继续实施结核病、艾滋病、血吸虫病等重大疾病防控和国家免疫规划、农村妇女住院分娩等重大公共卫生项目。农村孕产妇在县、乡医疗机构住院平产分娩实行全免费；开展农村妇女宫颈癌、乳腺癌免费检查项目；预防出生缺陷，免费为农村妇女孕前和孕早期补服叶酸。为 15 岁以下人群补种乙肝疫苗，完成农村卫生厕所建设任务。重点改善精神卫生、妇幼卫生、卫生监督、计划生育和疾病预防控制等专业公共卫生机构的设施条件。健全卫生应急管理体系，提高防治重大疾病以及突发公共卫生事件预测预警和处置能力。积极推广和应用中医药预防保健方法和技术。制定和落实传染病医院、鼠防机构、血防机构和其他疾病预防控制机构从事高风险岗位工作人员的待遇政策。

4. 典型病种专项救治规划。按病种，而不是按身份制定典型病种专项救治规划。举一个例子，我国现在有相当数量的儿童受先心病的折磨，严重的用不了几年就慢慢地死去，而这个病的医疗技术已经过关了。主要患者家庭承受不起高昂的医疗费用。其他还有可换骨髓的白血病、白内障患者等疾病，这类病的特点是治疗效果好、费用高，病人无足够支付能力，政府可操作，做了以后可同时收到社会效益和经济效益。由国家拿出专项资金给予百分之百的医疗补贴。

5. 建立健全健康知识普及机制。由各地的卫生部门直接负责，在本级的主要媒体从 2009 年开始开设公益性健康频道和栏目，加强健康知识宣传教育。其他任何组织和个人不得开设健康频道和栏目。媒体的频道与栏目费由卫生部门支付，卫生部门可以收取赞助，但是要对赞助企业的产品品质负责，涉及虚假宣传要负连带责任。

6. 公共医疗卫生服务保障体系的绩效评价机制。基本公共卫生服务体系的绩效与人民群众健康水平成正比，与人民群众和政府在医疗费用的支出成反比。基本公共卫生服务体系的绩效可以与医疗保障资金的节约成正比例关系。因此，可以从医疗保障资金每年节余的资金中拿出 20% 作为公共卫生服务机构的绩效奖。医疗保障资金的节约与医疗保障资金管理机构的管理水平也直接相关，因此，还可以从医疗保障资金每年节余的资金中拿出 20% 作为医疗保障管理机构的绩效奖。

三、规范医疗价格管理机制

1. 药企医院市场定价，提倡病种治疗费用包干机制

价格自由波动是市场机制发挥作用的基础，前面也分析了，价格管制是药价虚高的根源。医药价格市场化后，药厂医院的利润不需要政府保证，市场自然会让他们获得平均利润，利润高了，自然就会有外面资本进入药品市场，利润低了自然就会有经营不善的企业退出，市场就能自动地发挥作用。所谓病种治疗费用包干机制就是把所有已经出现和治疗过病种设定一个治疗包干费用，即患者得了一种病在某个医院就医，治愈后，不管实际医药费是多少，只需向医院支付固定的包干医药治疗费。医疗机构自主确定病种治疗包干费，在实际收费时，医疗机构可以低于自己的包干费标准收费，但是不能高于自己的包干标准收费。

2. 发改委做好医疗价格反垄断和反欺诈工作

一是国家发改委和地方价格管理部门依据《反价格垄断规定》和《反价格垄断行政执法程序规定》，对价格垄断协议、滥用市场支配地位和滥用行政权力等价格垄断行为进行依法处理。二是国家发改委和地方价格管理部门依据《价格法》对医疗领域的经营者利用虚假或者使

人误解的价格手段，诱骗消费者或者其他经营者与其进行交易的价格欺诈行为进行打击。

四、破除双轨制实现医院的公平竞争

1. 卫生部门致力于卫生医疗行业监管。卫生部门应该放弃作为公立医院主管部门的职权，而专门致力于做好一个卫生医疗行业监管部门。公立医院的国有资产的监管权都要移交给各级国资委，医院的人事权都还给医院，实现卫生部门与公立医院"婆媳"关系切割。卫生部门就是要致力做好这些工作：一是卫生、防疫、血防、计生等基本公共卫生服务。二是做好医药广告监督。对于医药广告实行100%的审批制，实行审批按批次收费制，凡是没有通过审批的，收费不退，再次审批要重新交费。对于合格广告没有通过可以通过行政复议和行政诉讼，复议或者诉讼成功者可以找广告审批部门退还多收审批费，并要求赔偿其他相关损失。对于没有审批的发布广告的业主可以重罚。对于虚假医药广告，卫生主管部门要付连带赔偿责任。三是做好医疗资格认证。医疗资格认证实行低门槛政策，只要你能够治好一种病，就有行医资格，但是对行医人员实行分中西医的等级管理，行医资格证终身有效，但是申请高等级资格证需要医院机构认证，发放高等级证之后，原证不予收回，仍然有效。医疗机构实行只要医疗人员有行医资格，就发医疗机构资格证，并且不分等级认证。四是做好药品质量监督。对药品成分、疗效、副作用、使用说明要严格把关，对药品的生产质量也要严格把关，对于是否属于新药等与药性无关的属性不予认定。

2. 改革医疗工作者职称评定和薪酬制度。医疗工作者职称评定采取合格制，只要符合评定职称的资格条件，就全部发给职称证书，职称证书只是表示你具备某个专业技术水平。医疗工作者工资由医院和医疗工作者共同商定，职称是医院确定医疗工作者工资重要依据，但不是唯一依据。医疗工作者的退休待遇一律执行普惠制养老保险政策，在享受国家基本养老保险之外，还根据自己和单位所缴保费的收益享受商业保险。

3. 医院主要依靠医院盈利或者向社会融资滚动发展。医疗卫生行业的公益性通过国家建立健全普惠制统一基本医疗保险体系和基本公共卫生服务体系来体现。

新医改方案解决看病贵看病难

一、政府受益。一是节约医疗资源，原来住院才报销的政策鼓励过度治疗，新政策是治疗费用越少报销比例越高。二是减少医保行业腐败，提高行政效率。原来把人分成三六九等的分头管理模式效率低下，容易弄虚作假，骗取国家医保补贴资金现象严重，新模式全体人民享受统一补贴标准，可以杜绝弄虚作假。500元以内治疗费包干到了首诊医院，减少监管程序，有利于效率提高。三是政府不必给予医疗机构投资，只要搞好医疗保障体系就行了，可以减少政府人员寻租行为。四是减少民众因病返穷的现象，有利于社会稳定。

二、医疗机构受益。一是新机制使医院从事业单位转变为企业单位，让医院可以通过盈利滚动发展有了法律基础，从而改变目前优质医疗资源不能扩大、资源稀缺的问题。二是原来部分利润可以化为医院利润，这些多赚利润用于购置设备、培养人才、改善医疗条件，使自身发展壮大。三是建立了医疗机构的公平竞争机制，原来的制度，公立医院需要承担公共责任，私立医院不能享受政府直接投资支持，两种医院都觉得不公平，新制度下，医疗行业的公益性通过公共医疗卫生保障体系体现，不需要某个具体医院承担，所有医院都不再享受国家直接财政投资，只能通过承担公共医疗卫生保障的义务——治病救人和防疫、建档等，才能获取医疗保障资金和公共卫生保障资金支付的报酬。

三、医疗工作者受益。医疗工作者治愈患者越多，花费的医药费用越少，就为医院创造的价值就越多，按照医院效益与工资福利挂钩的原则，医疗工作者工资就会越高。习惯开低价药讲良心的医学博士就能生存了，医院领导就会极其满意地工作了，因为他用低成本的药品治愈病人已经成了习惯。

四、诚信的药厂和医疗器械厂受益。在新体制下，医院和医疗工作者都会主动选择使用性价比最高的药品和医疗器械。

五、患者受益。一是国家免费基本医疗保险实现了，患者小病不花钱，中病少花钱，大病可以自买商业医疗保险或申请社会捐助，彻底改变普通老百姓看病贵或看不起病的局面。二是新公共卫生服务考核奖励制度，公共卫生服务机构如果效率高，减少了民众患病率，可以从医疗保障资金每年节余的资金中拿出 20% 作为绩效奖，就变"拿自己的钱为别人办事方式"为"拿自己的钱为自己办事方式"既讲节约又讲效果，能够降低民众患病的概率。三是优质医疗资源多了，看病就会更加方便，便宜了。

（任凌云：北京物资学院管理工程学士，国防科技大学公共管理硕士，工商管理经济师，见义勇为的英雄。）

铁总债务、养老金困境、去产能稳增长矛盾的储备需求解决方案

张二寅 / 文

养老金保值增值困局

目前我国大致有三种类型的养老金：一是全国社会保障基金，资金来源主要是中央财政拨款及国有资产划拨；二是企业年金和职业年金；三是地方社会养老保险基金，包括了城镇职工基本养老保险基金和城乡居民基本养老保险基金两块。此次确定新入市的是第三种，规模大概在 3.6 万亿元。而全国社会保障基金在 2001 年已经入市，目前规模为 1.5 万亿元。

养老金入市，人们最关心的当然是会不会赔钱亏损。但是从另一方面看，如果养老金一直远离资本市场缺乏有效投资渠道，本身的隐形损失也是十分巨大的。

中国社科院世界社会保障中心主任郑秉文曾以 CPI 作为基准测算，养老金在过去 20 年贬值将近千亿元。同时，到 2013 年中国个人账户空账规模已达到 3 万多亿元。

今年 6 月 30 日，人社部发布的报告也显示，养老金的收益低得可怕：2009 年至 2014 年的数据分别为 2.2%、2.0%、2.5%、2.6%、2.4%、2.9%，低于同期一年期银行存款利率，增值压力很大。

那么，社保养老金投入股市的收益到底如何？让我们先看一下美国的经验教训。

美国次贷危机让道琼斯指数从 14000 跌至 6500，而美联储的三轮量化宽松将其拉高至 18000，随着量宽的结束，道指也随之走软。也就是说，道指与美联储的量宽高度相关。

美国前任总统小布什 2008 年 12 月 1 日对金融危机导致美国就业减少、养老金账户资产缩水表示遗憾，并说他将支持政府在必要的时候采取更多干预措施应对经济困难。美国养老金体系通常被称为"401 K 计划"。这一计划始于 20 世纪 80 年代初，是一种由雇员、雇主共同缴费建立起来的养老金保险制度。目前，全美超过 80% 的家庭参加了这一计划。多数 401 K 计划将资金投资于美国股市。据报道，大约有将近 2 万亿美元的个人养老金在目前这场金融危机中蒸发。

显然，美国股市不能保证养老金的保值增值，而系统外的美联储量宽才是真正的财神。

2014 年 11 月中国上证指数一举突破 2011 年以来的 2500 压制，半年后翻倍，但随后在两个月内暴跌至 2850。其上涨动力是 2014 年 11 月开启的中国人民银行的降准降息之旅，下跌动力则是政府期望股市实现债转股、资产证券化，但政府只是出台了货币宽松、融资融券，自己并没有出一两的真金白银，股市迅速演变为直白的零和游戏，千股跌停，连续跌停，填补世界股市空白，创造了历史。

有人以股票的增长率高于一般投资收益，股市有股利分红来论证股市并非零和游戏，事实上，这是站不住脚的：其一，股市分红来自实体投资，但实体经济存在着系统性的消费不足，不可能持续提供利润；其二，如果股市分红高于银行贷款利息，那么公司是不会上市融资的；其三，中国股市的分红扣除亏损后所得，与从股市融资额相比，几乎可以忽略不计。

这就是说，社保养老金投入股市并不能实现保值增值的要求，因此入市凶多吉少。

公益铁路债务困局

财报显示，自 2006 年至 2011 年上半年，铁道部净资产从 8623 亿元增至 14811 亿元，平均年增长 14%，大幅低于其总资产 138% 的增速，更低于其负债 227% 增速。2015 年前三季度，中国铁路总公司负债合计 3.94 万亿元，较去年同期 3.53 万亿元，增 4100 亿元，同比增加 11.6%。较今年上半年 3.86 万亿元，增加 800 亿元。

虽然铁道部客运收入和货运收入近年来增长稳定，但净资产收益率一直偏低，2006—2010 年，净资产收益率分别为 0.37%、0.98%、–1.31%、0.24% 和 0。另据《中国铁路总公司 2015 年三季度审计报告》显示，铁总 2015 年前三季度总收入 6577.74 亿元，净利润 –94.35 亿元，较去年同期 –34.42 亿元，同比巨降 174.11%。

3.94 万亿的负债，以年贷款利率 5% 计，即为 1970 亿元，超过中国工程院院士王梦恕估计的 1800 亿元，也远超过其职工收入支出，而依靠其经营利润偿还无望，只有继续借贷，在现有框架内，寻找新买主也是不可能的，因为其固定资产不能盈利。这严重挫伤了铁路职工的积极性，也束缚了铁路的进一步发展。目前中铁总的债务负担极重，中铁总拖欠了建设单位 2500 多亿工程款。

铁路建设是公益经济，建设成果巨大。交通部提供的统计数据显示，"十二五"期间，我国铁路网络规模扩大，全国铁路营业总里程达 12 万公里，快速铁路 4.2 万公里，其中高速铁路 1.9 万公里。预计"十二五"完成固定资产投资 3.5 万亿元，是铁路基础设施建设投资最多的五年。高速铁路、高原铁路、高寒铁路、重载铁路技术水平集体迈入世界先进行列，科技创新能力明显提高。新建成的铁路让周边居民欢呼雀跃，中国还有很多落后地区对铁路开通翘首以待。

中国铁路总公司既管线路运营又负责铁路建设，目前的债务压力甚大。"十三五"铁路投资还会在高位运行，问题是钱怎么筹，国家必须想想办法。

市场经济固有矛盾

新宏观主义把利润区分为实物利润和货币利润，前者为实物的增值，后者为货币的增值。

市场经济中的货币来源为央行借贷，即货币利润是外生的，它不能与内生的实物利润保持同步，这就是债务危机和滞胀的根源。

假设世界只有一家顶级公司，能生产所有的最终消费品，货币存量为零，它从央行贷款 1 万亿进行初始投资，雇佣工人、向中间加工商发订单购买原材料，逐级下订单，最后，该 1 万亿贷款被分成了 3000 亿的派生投资需求和 7000 亿的消费需求，这是现金流主线。

在实物主线，顶级公司的供给为 12000 亿单位，预期价格一单位一元，但只有销售收入 7000 亿。剩余 5000 亿卖不出去。

表现为中铁总公司，就是运力过剩。

　　由于在宏观上没有货币利润，导致企业家减产，辞退工人，企业倒闭，进而失去实物利润，整个社会陷入萧条与贫穷，这是非常荒谬的，因为劳动力、资源、技术都不缺乏，人们却不得不失业挨饿。

　　就是说，现存市场经济没有经济增长的制度安排，至多只能零利润，零增长，也即简单再生产，而不能扩大再生产。

　　当前的过剩不是所谓结构失衡，供需不匹配。因为供需不匹配属于消费需求之间的交换比例问题，市场本身可以自行调节，某一商品短缺，自然价格上涨，利润增加，厂家会争相加入，供给增加，价格下降；反之，供给过剩的商品则减产，厂家退出，最终市场的企业利润率达成一致。这种情形下的过剩是相对过剩，因为有别的产业稀缺。有人以中国国内销售不旺而出国购物，比如去日本购买马桶盖；还有中国的钢铁产量世界第一，但高端核心不足为例来论证结构性失衡。然而，每个国家都有不同的产业优势，一个国家不可能是全能的，否则就没有世界贸易的必要了。出国购物潮还要检讨一下我们的税收政策，同样的商品在国外买反而比国内更好更便宜。

　　当前的过剩是普遍性的，具有全面性，从企业家到国家经济主管部门，几乎看不到哪一行业还有明显的盈利空间，它的矛盾是投资需求与消费需求之间的矛盾，即消费需求来自于投资需求，当然小于投资需求，但是，消费需求又是唯一的最终需求，负有为投资需求保值增值的使命，这是不可能的。

　　这种全面过剩的本质是经济增长后，产生了实物利润却无法实现货币利润的表现。经济周期就是内生的实物利润与外生的货币利润之间的矛盾推动的。

　　因此，简单地减产，扩大失业，减少收入不是办法，而应该扩大就业，增加收入，才能真正去库存。

新宏观主义的解决办法是类比顺差拉动的外汇占款方式，将央行借贷改变为央行购买准公共品，相当于向社会征收铸币税，社会成员有权利免费使用该准公共品。

解决方案即储备需求，也就是将原有生产力部分转型至准公共品生产，实现消费需求与储备需求并重，央行购买，而非借贷自然资源、智力资源、环境改善、基础设施、社会服务等，社会免费使用。一句话，储备的是无限的再生产能力。它不是在消费品市场靠技术提升意淫，是开辟的另一个广阔的天空。

储备需求不是收购现有的库存，即不再是汽车、房子、食品等个人消费品，而是转型后的准公共品。

实物利润是经济增长的前提，是储蓄的必然结果，是储备的物质基础。如果没有实物利润，就意味着生产减少，效率低下，失业增加，经济衰退。

央行购买准公共品，带动派生的投资需求购买持有能生产准公共品的资产，变间接投资为直接投资，实现消除央行的基础债务和商行的衍生债务双重目标。

去产能稳增长的矛盾

国家金融与发展实验室理事长李扬日前表示，为什么债务问题成为影响经济发展的重要因素呢？在他看来，伴随着整体经济的金融化和金融的互联网化，原本经济周期的繁荣、衰退、萧条、复苏四个阶段特征表现不明显，逐渐演变为只有"上"和"下"两个阶段的金融周期。当投资者有信心时，债务增多，经济上行，反之经济则下行。所以经济上、下行的主导力量就是债务的增加和债务的减少。

在现代经济条件下，特别是在经济广泛类金融化的情况下，去杠杆将是一个极为缓慢、曲折波动的过程。而降低杠杆率的唯一出路只能是在控制债务增长速度的同时保持中高速的经济增长。

李扬认为，核心问题在于去杠杆和保持适当增长速度存在着矛盾。要在两者间保持某种平衡殊非易事。在经济增速下行趋势未得到扭转的背景下，保持适当增长速度会成为政府的首选。危机持续过程中设定去杠杆的任务，核心的意义在于提醒全社会不能迷失方向，不能过度依赖需求方调控，需要供给侧合理安排去杠杆的路线图。

储备需求的建议方案

具体到养老金与铁路解决方案，我建议：

社保养老基金投入4万亿购买中铁总公司的铁路资产，成为独资控股股东；

铁路总公司将地方铁路分公司分解为独立公司，进行客货运经营，展开良性竞争，提高质量和服务水平；

央行根据当前社会投资平均收益，以高于社保养老基金往年的平均收益水平确定通行费基数，以所有客货运公司的总运量、营运收入、总税收决定通行费调整系数；

如此，社保养老基金获得了稳定的收益，并为社会公益经济做出实质性贡献；铁路总公司卸下了4万亿的还本付息的巨大包袱，可以专心于国民的客货运服务；央行通过支付通行费，在给予社会过剩资本创造利润空间的同时，也实现了为社会投放非债务货币的目的，从而保证了经济增长，又消除了对外汇占款的依赖，增进了本国国民福利。

央行增发货币为社会的负债，而央行用增发的人货币购买准公共品为社会免费使用，是实质性的偿还债务，它是宏观公有的实现形式。

中国特色的社会主义关于公有制的理论是不断进化的，即从早期的大一统到公私共存，十八大则提出资本运营，即扬弃了具体的资产运营而上升到资本层面，而央行的储备需求则是更上一层楼，从经济系统角度实现了社会公有，这是一种可持续的、具有系统稳定性和自我发展的、多赢的方案，是马克思主义在中国的又一次大发展。

（张二寅：山东宁阳人，现居天津。1992年毕业于西南石油学院自动化专业，中国社会科学院MBA，国际财务管理师（IFM）。著有《宏观经济物理学》。）

日本黄金时代背后的经济学家

姚卜成 / 文

"二战"以后，日本在战败的废墟上通过"国民收入倍增计划"，使日本发展成为占世界 GDP 总和 18% 的第二大经济强国，创造了世界经济发展史上前所未有的奇迹。在这经济奇迹的背后，三个经济学家功不可没。一个是奠定日本经济学基础的都留重人；一个是担任吉田茂首相顾问会议委员长的有泽广已；一个是大藏省官员、写出 38 万字"国民收入倍增计划"的学者下村治。

一个崇尚军国主义、武士道精神的国家，什么样的经济体制使专家学者"影响"了政府的施政纲领？

美国著名发展经济学家舒尔茨说："战后日本物质资本存量几乎荡然无存，但其国家财富中的重要部分——具有知识水平的人还大量存在。"

两本书印证了舒尔茨的说法所言不虚。一个是日本著名作家太宰治1947 年发表的小说《斜阳》；一个是日本战后最负盛名的首相吉田茂晚年写就的《激荡的百年史》。

《斜阳》描述战争结束后贫穷混乱时期贵族没落的情景，称其为"斜阳族"，就连贵为皇叔、战后第一位首相东久迩稔彦下台后也到黑市上摆地摊，变卖家中的古董以求生存。而《激荡的百年史》描述了日本宣布投降后的 1946 年 3 月，日本 20 多位著名经济学家就聚集在外务省研究经济复兴问题，大来佐武郎等人递交了一份《重建日本经济的基本问题报告书》。

两本书透露了当时日本的两个现状：一是战后日本国民生产遭到严重破坏，经济凋敝，急需振兴；二是经济萧条的大背景下，仍然有着大量的社会隐性财富——拥有众多的经济学者。日本原文部大臣荒木万夫曾经指出："从明治以来，一直到今天，我国社会和经济的发展，特别是战后经济的发展非常惊人，为世界所重视，造成此情况的重要原因，可归结为教育的普及和发展。"

这就是日本崛起奇迹的根源。战后的日本有很多经济学家进入政府机构中任职，参加经济重建工作，政府的经济行政机关在经济决策中广泛运用经济学家的理论与方法，逐渐形成了所谓的"官厅经济学"。"官厅经济学"的代表作，是经济企划厅每年发表的《经济白皮书》。它始于 1947 年 7 月，是由都留重人以《经济实况报告》为题撰写的，是官厅经济学的开端。每当日本经济处于重大转折的关键时刻，《经济白皮书》都为日本经济的发展指出了方向，在日本经济史上一直具有重大影响。

都留重人是日本最著名的经济学家之一，1940 年获美国哈佛大学经济学博士学位。太平洋战争开始后返回日本，曾任经济安定本部（后成为日本经济企划厅）综合调整委员会副委员长，东京商科大学（现一桥大学）教授、校长。他起草了日本的第一部《经济白皮书》承认"政府、企业、家庭皆有亏损"。这句话概括了当时日本经济的困难局面，以至成为名言。

而另一个著名的经济学家、担任吉田茂首相顾问会议委员长的有泽广已的"倾斜生产方式"理论被政府采纳后，使战后日本经济的重建开始走上轨道。所谓的"倾斜生产方式"就是在资金和原料严重不足的情况下，集中一切力量恢复和发展煤炭生产，用生产出来的煤炭重点供应钢铁业，再用增产的钢铁加强煤炭业，以此为杠杆，带动整个经济的恢复。"倾斜生产方式"作为一种产业结构调整政策，实施效果很明显，它打破了煤炭和钢铁生产互为前提的怪圈，促进了战后日本经济的飞速发展。

另一个使日本经济快速发展的因素是朝鲜战争爆发，朝鲜战争使日本成为美国的军事基地和军需物资供应地，极大地刺激了日本经济的复兴。1950—1953 年，日本从向美国提供军需品和劳务中得到的"特需"收入达 24.7 亿美元。到 1955 年，日本的国民经济得到了全面恢复和调整。

在这一期间，日本的经济学界对经济增长问题持肯定态度，学者下村治是最早对战后日本经济的高速增长力进行准确预测，并且直至 70 年代初为止一贯提倡高速增长政策的日本经济学家。他认为，日本具有高速增长的余力，倡高速经济增长政策，即"国民收入倍增计划"。

下村治是日本著名经济学家，1934 年毕业于东京帝国大学，获经济学博士学位。曾任日本银行政策委员、日本开发银行董事、开发银行设备投资研究所特别顾问、拓殖大学教授、首相池田勇人经济顾问。

下村治综合运用经济学、预测原理、乘数理论等对战后直至 70 年代的日本经济状况及发展趋势进行了一系列的分析与预测，并组成了250 人的咨询机构，通过广泛调查研究，写出 38 万字的"国民收入倍增计划"。这一计划成为了日本经济起飞的基础和转折点：1967 年日本提前完成翻一番的目标，实际国民收入增加了一倍，1968 年成为西方世界仅次于美国的第二大经济强国，造就了世界经济发展史的奇迹。

在日本，什么样的经济体制使专家学者"影响"了政府的施政纲领？在这快速崛起的世界第二经济强国的背后，经济学家又如何走进了政府的"决策圈"？

研究日本经济的著名学者、中国社科院日本研究所研究员丁敏认为，这与日本的政治形态有关，日本政府无论是战前的军国主义还是战后的悲情民族主义，传统的官方意识形态就是"精英政治"，官员本身就是有关行业的专家、社会学者，这与日本长期重视经济学、社会科学的建设是分不开的。

日本早在 1872 年明治政府颁布《学法令》时，就在《学制布告》中提出了一个非常明确的口号，要在全国做到"邑无不学之户，家无不学之人"。1886 年明治政府宣布在全国实施义务教育，是世界上最早在全国范围内普及义务教育的国家，比美国早 4 年，比法国早 10 年。

这样的教育方针使整个日本社会都弥漫着尊重知识、专家的气氛，民众也对"精英治国"比较认同。而战后初期美国对日本的政治改革，为日本的经济崛起起到了十分关键的引导作用。政治改革的主要内容之一是引进了美国式的党派政治，使政党的权力和地位远高于行政官僚，通过竞选使日本的政治能够更多地反映民意，不至于受到某些别有用心的统治者的摆布，从而减少发动战争的可能性。

政治改革后，政党为了竞选的需求，大量地采用能够解决经济发展、社会民生的建议，为了辨证学者观点、正确采纳建议，各级政府都相应地建立各类"智囊"机构体系，社会上的专家、学者就自然被吸取进来，因日本当时的执政党便运用"智囊"机构体系来处理和解决这些经济问题。当时最有名的是组建了经济稳定总部，由此对国民经济进行全面的管理和控制。

丁敏在 2004 年出版的《日本头脑产业》一书中，认为日本经济、社会学家组成的"智囊"对日本政治、经济的影响是决定性的。《日本头脑产业》是中国第一本专业研究日本"智囊"体系的著作。

丁敏把经济学家组成的"智囊"影响政府决策的渠道分为六类：

一是政府系，如隶属经济产业省的能源综合工学研究所，"官厅经济学"的都留重人、下村治等，他们本身就政府官员或是政府决策者的顾问，他们的学说能最快捷地施用于政府决策。

二是地方政府系，就是各县、市都有自己的研究所、学会等机构。如隶属东京都的东京市政调查会等，所有调研都是为东京都服务的，直接作用于政府决策。

三是大企业集团系，如隶属三菱集团的三菱综合研究所，本身是为自己企业的利益服务，但日本政府重视发展扶持本国的"企业帝国"，所以三菱综合研究所的研究往往成为日本政府对这一企业行业的法规。

四是中小企业集团系，如大阪商工会议所。日本的中小企业占全国的 80%，所以中小企业集团系的经济学家一般都通过学术研究影响日本的纲领和政策。

五是社会法人系，是政府首脑或政府大臣"下台"后自己创立的"智囊"机构，他们通过自己特殊的政治身份来影响政府的政策。如庆应义塾大学产业研究所、全球安全研究所等。

全球安全研究所所长是竹中平藏，日本庆应大学教授，曾是两任首相"智囊"的主要成员，2001 年至 2003 年担当日本内阁经济金融大臣、2005 年任小泉内阁邮政民营化总务大臣，2006 年任全球安全研究所所长。

丁敏说，这样的"智囊"体系分布使日本的经济体制较为协调，政、官、企、民四方结合，及政府中设有大量审议会，使经济学家完全地融入政府的决策体系之中，这不能不说是日本经济腾飞的主要"发动机"。

（姚卜成：原中国财富杂志编辑部主任、中国扶贫杂志副总编。现供职于新华社瞭望新闻周刊。）

城市创新需做好"顶层设计"

姚卜成、陈荣 / 文

7月 21 日，在"粤创粤新"广东创新驱动发展主题大型网络采风佛山活动上，佛山市委副书记、市长鲁毅介绍了佛山市的创新驱动情况。

鲁毅指出，2012 年 11 月 29 日，佛山市委、市政府从构建未来核心竞争力出发，结合十八大的精神和佛山产业与城市转型升级的实际，提出建设国家创新型城市的部署，确定了"走创新驱 动发展道路是佛山市的不二选择"的城市发展战略。并多次在全市领导干部大会、中心组学习、专题调研和新华社等媒体访谈活动中，重点强调创新驱动的战略地位。

"顶层设计"：建立创新型城市发展指数

"顶层设计"是源于系统科学的一个概念，指用系统、全面的视角，审视系统建设中涉及的各个方面、各个层次和要素之间的关系，达到统筹、协调发展的目的。"顶层设计"强调设计对象定位上的准确，结构上的优化，功能上的协调，资源上的整合，是一种将复杂对象简单化、具体化、程式化的设计方法。佛山市实施创新驱动发展战略的"顶层设计"是：

2013 年年初，佛山市政府以"1 号文"的形式颁发了《佛山市建设国家创新型城市总体规划（2013—2020 年）》，同时出台了相关"实施方案"和创新平台、创新团队、重大专项、知识产权四大配套文件；2013 年 8 月，市委、市政府印发了《关于实施创新驱动发展战略建设国家创新型城市的决定》。全市创建工作初步做好了顶层设计，搭好了系统架构。

佛山市陆续制定了专项资金管理、风险补偿基金、科技服务业发展等十余个配套政策，逐渐建立起较为完善的科技创新政策体系——"创新型城市发展指数"于 2013 年起被纳入五区政府绩 效考核体系中，创建工作实现了常态化、长效化。

"创新型城市发展指数"，主要是考核四项指标落实情况。分别是：科技经费投入、创新平台数量、高新技术产品产值占规模以上工业总产值的比重、百万人口发明专利申请量和每万人发明专利拥有量的四项考核。

经过两年多重塑创新体制机制，营造创新环境，集聚创新资源，推动企业创新等，全面构筑佛山以企业为主体的创新体系，全市创新能力实现质的提升， 截至 2014 年，佛山市研究与试验发展经费支出（R&D）占 GDP 比重达 2.6%，高于国家创新型城市建设要求的 2%；共获得国家科学技术奖两项，省 27 项，专利申请总量和授权总量分别增长了 31.4% 和 32.7%。拥有国家科技企业孵化器 4 个，国家科技企业孵化器培养单位 8 个，国家级技术中心 14 家，省级企业技术中心 150 家，省级企业重点实验室 5 家。自 2012 年以来，佛山共培育和引进千人计划 24 名，科技创新创业人才 2 名，以及省市区三级创新团队 135 个。

这些成绩的取得，标志着创新型城市建设的"顶层设计"对全社会创新投入的带动作用初步显现。

创新驱动：是"人口红利"转向"人才红利"的关键

鲁毅在会上表示，佛山是以制造业为主导的产业大市，传统产业比重较大，处于产业链中低端，高层次创新人才和技能人才资源不足的问题尤为突出。佛山当前推进智能制造、企业技术改造、"互联网+"行动计划过程中，急需一大批高技术、高技能创新人才，要通过吸引人才、大力发展现代职业教育，把"人口红利"变成"人才红利"。

据春节后佛山人力资源保障局的数据统计显示，2015 年佛山民工返回率在 87%，这就意味着以往有需要 100 个民工的企业，马上面临着缺失一线工人的尴尬现实，这无不显示人口红利渐失，这会迫使各行各业纷纷推出"机器换人"战略，以期实现企业转型升级，保证企业生产稳定，保障产品的生产质量。

而更为重要的是，佛山的现实是机器人需求存在巨大缺口。目前佛山在工业机器人的需求上大概是两万多台套，而且以目前工业企业的需要而言每年增长 40%。到今年年底，佛山机器人的应用只有三千台（套），这意味着佛山的机器人市场巨大。

为了推进工业机器人的应用，佛山市委市政府按照省委省政府创新驱动发展的战略，积极申请争取重大的科技平台设在佛山。除了引进国际上先进的机器人，比如瑞士的 ADD，德国的库卡，安川、川琦等世界品牌的机器人；此外，佛山也在扶持很多本土机器人推广和应用的企业，目前佛山工业机器人主要在汽车制造、陶瓷家电、机械装备以及金属材料加工等行业领域，主要为搬运喷头、装备的机器人。

　　鲁毅指出，就在 20 日，世界机器人企业巨头落户佛山高新区——安川电机凯尔达（佛山）项目签约仪式在佛山国家高新区南海园举行。此次成立的"佛山凯尔达机器人科技有限公司"，将在佛山市及广东省内生产、销售机器人及机器人系统。据了解，新成立的合资公司投资 1000 万元人民币，将融合安川先进的技术和科学管理方法、凯尔达领先的销售经验和销售渠道、广工大发展公司的机器人系统技术，实现三方互利共赢。

　　鲁毅还认为，吸引高端人才，人才是创新之本，创建现代职业教育综合改革示范区，是拓展就业空间、推动大众创业、万众创新的有效途径。只有双创，才能把"人口红利"变"人才红利"。

　　（姚卜成、陈荣：姚卜成，原中国财富杂志编辑部主任、中国扶贫杂志副总编。现供职于新华社瞭望新闻周刊。陈荣，财经国家周刊记者。）

注册制改革：或许成为牛市的新起点

余云辉 / 文

注册制改革是资本市场自身的一场"供应侧结构性改革"。注册制要有利于资本市场引进新公司、带动新产业、推动新增长、吸引新资金、发动新牛市。同时，注册制需要设置新老发行制度并行的"双轨制"作为过渡期，应该允许企业选择不同的发行制度和申报通道，从而，把单一的申报通道改变为发行的"多通道制"。并且，注册制不但一方面要降低发行门槛，另一方面要提高上市的门槛。通过设置"股票上市观察期制度"或"新股上市锁定期制度"，把股票发行与股票上市在时间上分开。新股发行之后需要观察12个月，或24个月，或36个月之后再上市，并据此形成三个注册制的发行申报子通道。把定向增发的发行模式和股票上市锁定模式引入注册制的改革，并发挥机构投资者的定价功能。注册制是资本市场供应侧结构性改革的核心内容，因此，新股发行与上市的本身也需要结构化设计，在提高企业融资效率的同时，减轻二级市场的新股上市压力，让产业升级和经济增长带动新的牛市。

从"三维度"重新认识注册制

资本市场体系是一个有机的整体系统，每一项重大改革都将牵一发而动全身。如果缺乏系统的整体思考与设计，那么，一些改革措施即使基于美好的愿望也将引发资本市场的系统性风险。发展股指期货和融资融券等金融工具的教训，为此提供了令人记忆深刻的案例和注解。股票发行注册制能否平稳顺利地推出，已经到了考验中国证监会监管智慧的关键时刻。

资本市场的价值或使命是为实体经济服务。这是资本市场的主题，也是资本市场的存在意义。同时，资本市场的稳定（或风控）与发展（或效率）又是资本市场能否实现其价值、完成其使命的两大前提。因此，资本市场的"市场使命""市场稳定"与"市场效率"三者之间形成了一个互为因果、相互循环的有机整体。这是思考资本市场一切制度创新和工具创新的出发点，也是思考股票发行注册制改革的出发点。

从"市场使命、市场效率、市场稳定"的三个维度来分析股票发行注册制，可以看到如下内容：

第一，从资本市场的"使命维度"分析，股票发行注册制承载着推动供应侧结构性改革、促进产业升级与技术进步的经济使命。在中国经济持续下行的形势下，充分发挥资本市场功能、推行股票发行注册制改革、提高融资效率，已经上升为一项政治任务。可见，股票发行注册制改革是大势所趋，代表着正确的政治方向。谁去做，谁得分。注册制可以满足资本市场"使命维度"的要求。

第二，从资本市场的"效率维度"分析，注册制有利于扭转审批制下的低效率状况、有利于根治寻租腐败的温床、有利于提高企业融资效率、有利于经济发展和产业升级。可见，注册制也可以满足资本市场"效率维度"的要求。

第三，从资本市场的"稳定维度"分析，在宏观经济下行、企业效益下降、股票指数下跌、投资者信心不足的情况下，推行股票发行注册制、提高股票发行融资效率，必然增加股票供给数量，引发二级市场估值下移，造成二级市场进一步下跌。可见，在宏观经济环境恶化的环境下推出股票发行注册制、提高企业融资效率并不满足资本市场"稳定维度"的要求。

但是，正是由于宏观经济环境恶化，中央政府才要求尽快推出注册制、尽快提高企业融资效率以便推动产业升级，刺激经济回升。这就是矛盾，这就是资本市场的使命、效率与稳定之间的矛盾。这也属于"资本市场三元悖论"的一种情形。

精心设计发行制度，可以保证注册制平稳地推出

任何答案总是伴随着矛盾而诞生。矛盾的焦点就是创新点。时间维度的矛盾可以从空间维度寻求答案，空间维度的矛盾可以从时间维度寻找答案，时空维度的矛盾可以从使命和目标维度寻找答案。

股票发行注册制所产生的不稳定和市场风险则属于股票集中供给与有效需求不足在空间维度上的矛盾，而解决这一矛盾的方案必须在时间维度上寻找。根据这一思路，对于如何平稳地推出注册制，我们可以在时间维度上调整制度设计、寻求突破。

具体的操作建议如下：

第一，在时间维度上把发行制度划分为三个阶段：（1）目前的核准制阶段；（2）核准制与注册制并行的试点阶段（为期 3 ~ 5 年）；

（3）完全注册制阶段。六月之后，趁着股票指数已经跌入相对安全的底部区域，可以趁机实施"核准制与注册制并行的试点"。为了稳定市场预期，可以公开明确"核准制与注册制并行试点"的期限为三年。

第二，在核准制与注册制并行的阶段，证监会应该把新股发行申报通道分为两类：一类是现有的"核准制通道"，核准制通道保留现有的审核标准；另一类是"注册制通道"，注册制通道采取新的注册制标准。目前已经申报发行材料的600多家拟企业可以根据自身的情况选择在核准制通道排队，或者申请和选择在注册制通道排队。

第三，在核准制通道排队的企业，新股发行之后仍然可以随即上市。但是，由于新股上市会造成二级市场波动，因此，核准制通道上的发行节奏将受到二级市场指数行情的严格制约。如果股市行情火爆，那么，证监会可以加大发行与上市的节奏，抑制市场投机；如果股市行情低迷，那么，证监会可以停止新股发行和上市。

目前在股市还处在大起大落的不稳定的状态下，核准制通道作为调节股市投机性的工具，仍然必须保留一段时间。金融创新必须稳健、平稳、内生化，要设置过渡期和观察期，切忌突飞猛进和洋跃进。

第四，设置"新股上市观察期"。注册制提高了企业融资的效率，降低了股票发行的门槛，但是，一定要相应地提高股票上市的时间门槛。"一阴一阳谓之道"。

在注册制通道上，把新股发行与新股上市在时间上分开，即在股票发行与股票上市之间设置"新股上市观察期"。"新股发行观察期"分别是12个月、24个月和36个月。"新股发行观察期"就是观察新股发行公司信息披露的真实性，让时间来检验股票发行人的承诺和中介机构的核查质量。此外，认购新股的机构投资人愿意锁定12个月、

24 个月或 36 个月，这就是最市场化的管理与约束。要让时间成为证监会的监管助手。

在"核准制和注册制并行"的情况下，新股发行和新股上市的审查职责要分开，证监会管发行，交易所管上市；证监会履行新股发行审查职责，交易所履行新股上市审查职责。

在注册制条件下发行的新股，一旦届满 12 个月、24 个月或者 36 个月，只要符合上市标准即可上市。

第五，在注册制的通道上，可以根据上市观察期不同，把注册制通道划分为 12 个月、24 个月和 36 个月等三个子通道。不同的企业可以根据自身的情况选择在不同子通道上排队。

在"核准制和注册制并行"的过渡期里，企业可以在四个发行通道上排队，即，三个注册制的子通道另外加上一个现有的核准制通道。

目前 600 多家企业只能在核准制的单一通道上排队，效率很低。如果按照上述制度设计实行核准制和注册制并行之后，这些企业可以分别在 4 个通道上排队。这样可以大大加快新股的发行速度、极大地提高企业的融资效率，而且还不会造成新股集中上市的二级市场压力，从而兼顾了发行效率和市场稳定。

第六，在设置了新股上市观察期的前提下，可以借鉴现有的定向增发模式，让机构投资人主导新股发行的定价，使得新股发行的定价真正实现市场化。

在新股发行与新股上市之间设置了不同的观察期之后，新股的发行可以借鉴现有的"定向增发模式"进行发行。

近年来，对上市公司再融资帮助最大的金融创新当属定向增发。定向增发已经成为上市公司主要的再融资方式，而且对资本市场没有产生任何不利的影响。

根据不同的价格锁定方式，定向增发的股票上市锁定期分别是 12 个月和 36 个月，定向发行的人数不超过 10 个。（笔者在 2003 年 8 月发表文章，首次提出了定向增发的概念和建议，详见《外延型定向增发好处多》2003 年 8 月 27 日《国际金融报》、人民网）

注册制引进定向增发模式的具体做法是：（1）对于 12 个月上市观察期的企业，其发行的新股 70% 在网上销售，其余 30% 定向配售给 10 个机构投资者；（2）新股上市观察期为 24 个月的企业，其发行的新股 50% 在网上配售，其余 50% 定向配售给机构投资者；（3）新股上市观察期为 36 个月的企业，其发行的新股 70% 应该定向配售给机构投资者，其余 30% 在网上配售。在此，机构投资者发挥着专业研究与定价的作用。与散户相比，机构投资者具有专业研究能力，同时，机构投资者必须拿出资金为自己的新股定价结论进行背书，并承当相应的风险。

此外，机构投资者参与新股的定向配售，可以大大减轻发行市场的资金压力，有利于二级市场的稳定。因此。将机构投资者以定向配售的方式引入注册制下的新股认购，十分必要。

结束语：注册制可以成为中国牛市的新起点

资本市场的涨跌波动最终是由社会资金与股票筹码之间的力量对比所决定的。当数百家排队等候上市的企业被分散于四个不同的排队通道，而且把这些企业的上市时间分散于未来不同年份的时间轴上，这无疑大大减轻了股票筹码对二级市场的冲击力。同时，新股上市观察期（或锁定期）与新股定向配售的组合，有利于吸引社会长线资金入市，减少二级市场存量资金的流失。这种市场格局一旦被市场投资者所认识并形成看涨的预期，则社会资金就会持续入市进入二级市场。股票发行市场合理的供应侧结构性改革完全可以形成股票二级市场需求方的利好预期。因此，正如当年股权分置改革，在增加股票供给量的同时却造就了一轮大牛市一样，合理的制度设计也可以使注册制改革成为中国牛市的新起点。

（余云辉：厦门大学经济学博士，毕业后进入证券行业，拥有15年的证券从业经历，曾担任海通证券投资银行部高级项目经理、投资银行部副总经理、基金部副总经理、交易总部总经理兼战略合作与并购部总经理、德邦证券常务副总裁、总裁等职务。现为中材国际独立董事、新华社特约经济评论员、厦门大学金融系客座教授。）

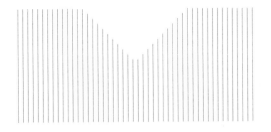

理论与展望

草野集 | 中国经济再出发
ZHONGGUO JINGJI ZAI CHUFA

经济学家通常不会告诉你这些!

陈功 / 文

资本爆炸的时代

一、量化宽松无法摆脱"流动性陷阱"

"通货紧缩"和"流动性陷阱"是现在主张搞量化宽松的经济学家们最常挂在嘴边上的理由。这是一种简单的直线式思维——产品价格上不去,那就发行更多的货币,拿出更多的钱来制造需求,从而消化掉产品;如果货币已经发了很多,但价格依然没有起色,那就说明货币发行得还不够多,依旧还在"流动性陷阱"里面,要加发更多的量才行。决策者瞄准了预定宏观目标的货币政策,却忽视了流动性陷阱的出现本身就是以资本过剩为前提的关联反应。继续大量创造货币资本,只会推动更大规模虚妄而低效的生产活动,对全球的自然资源造成更大的破坏和掠夺。

二、长期流动性过剩导致的不是通胀,而是通缩

10 年或更长时期的流动性过剩,因为产能累积较大,未必会直接表现为通货膨胀,而是更容易表现为同时出现的资本过剩和产能过剩,市场更容易出现的情况是,累积资产价格泡沫,甚至发展到全面的经济紧

缩和金融危机。从长周期的角度来看，通货紧缩、流动性陷阱以及产能过剩问题，实际根源是全球性的流动性过剩，在于全球财富的虚拟增长。

三、资本过剩下的金融业是一场缺乏观众的篮球赛

表面上的通缩，实际的资本浮滥，在世界上制造了一个奇异的债券货币化的循环，先发钞，再发债，债券抵押再发钞。资本更多的是在产业体系之外运行，金融业虽然号称"服务业"，但实际却在经济体中演变成为一个闭环行业，自我消化，自我运转，与经济环境的关系越来越小，金融和资本对经济的有益推进作用和价值越来越小。金融业的交易日益像是一场缺乏观众的篮球赛，场上虽然热闹，但对世界有害无利。

四、资本过剩是把握经济发展认识逻辑的开端

从资本过剩开始，到产能过剩、流动性陷阱以及所谓的通货紧缩，这是一种经济发展的认识逻辑，在中国经济"新常态"的背景下，这也是一种耐人寻味的认识逻辑，可以解释当今世界各国的发展现象，同时也让我们了解到这个世界，原来资本不仅仅是钱，也是一股强劲的祸水。

城市化驱动资本过剩

一、城市化是在用资本交换自然财富

城市是金钱铺就的辉煌，它需要耗费掉大量的钱财、资源和人力。城市依靠建筑堆积而成，而建筑不仅仅是用石块，更是用资本堆积而成。城市化是人类在用资本交换自然界的财富。所有的城市，没有无缘无故的崛起，也没有无缘无故的衰落。古罗马人为了"造城"不断去打仗抢钱，现代人向自然界索取，向印钞机要资本，去建设更加华丽的城市。

二、"量化宽松"不是危机的结束，而是开始

2008年的金融危机，实质是美国房地产泡沫崩裂后，金融市场通过自己的非理性调整，开始挤出部分泡沫。但这一切并不是危机的结束而是开始，因为美联储在美国政界和金融界的压力下，采用的挤出泡沫的做法是持续的"量化宽松"，这导致更大规模的资本量被释放出来。

三、政治家都具有以城市化推动资本过剩的偏好

全球政治家都明显具有推动资本过剩的偏好，为了确保政治目标的顺利实现，他们总是会利用各种借口和契机去实现这一点，历史上古罗马的城市化、美国的再城市化以及中国当代的快速城市化，都是如此。

四、世界城市化的疯狂进程刺激了资本狂热扩张

中国的城市化进程，在最关键的阶段与世界同步。在世界城市化的疯狂进程中，发展中国家的城市化与发达国家的再城市化同步叠加，产生了惊人的价格以及资源需求，拉动、凝结、消化了大量的全球资本，同时刺激了资本的狂热扩张。但这个过程掩盖了市场的名义风险，扩大了市场的实质风险，最重要的结果是推动全球资本走向过剩。

五、城市化是资本过剩的真正发动机

泡沫是资本过剩必然会产生的一种中间现象，根源在于城市化推动了资本过剩，资本过剩导致了大量的资本活动，这些资本活动在某一市场或商品集中爆发，就产生了泡沫现象。资本过剩不是平白无故产生的，城市化是真正的发动机，资本是城市化这部发动机的润滑剂。城市化是根源，资本过剩是结果。

虚假繁荣的连锁反应

一、经济世界的运行并不奉行"经济人"逻辑

世界并不像理论家所想象的那样——人们奉行的是一种简单"经济人"逻辑，资本刺激消费和投资，消费和投资刺激经济增长，一切都是完美的，城市的发展可以从中获益。问题在于事情不是这样运转的，所谓的"完美"只是一种想象。现实是从城市化到土地，再到商品和矿产，再到消费和金融，一旦资本浮滥，就将刺激市场的狂热，推动一切进入泛滥成灾的轨道，世界由此进入一个非理性无所不在的时代。

二、虚浮的城市化停顿脚步时会显露危机

城市化推动资本浮滥，资本浮滥推动自然资源的无节制开发。看起来，这个对人类生存产生威胁的非理性循环似乎可以一直进行下去。不过有些事情并非总如人们所预料的那样，虚浮而夸张的城市化的脚步也有停顿下来的那一天。当这一天真的来临时，事情立即会显现出本来的面目。

三、"游资"社会的本质是资本过剩

资本浮滥推高的市场，几乎一面倒地会为所谓的"游资"，也就是社会资本所主导。每当出现有利的时机，市场会一哄而上，拔地而起；出现危机信号之后，又会大海退潮般地倾泻而去，难以抑制、左右和主导。因此在资本过剩的支配下，股票市场的频繁震荡，甚至是市场大地震，几乎必定出现。在这一问题上，其他技术性因素是次要原因，资本过剩是主要原因，是根源。

资源消耗犹如战争

一、世界"造城"运动带来了繁荣，也埋下了隐患

世界的疯狂"造城"运动，在奠定金融资本、矿业采掘、土地开发、房屋建造、消费品制造、能源建设以及交通网络等诸多领域繁荣的同时，也奠定了灾难性全球经济危机和剧烈冲突的深刻基础，问题是现在人们大多还不愿正视这个曾经被人百般称颂的"繁荣"背后的隐患。

二、城市化导致了人与自然之间的空前战争

城市化导致的周期性风险依旧存在。这样巨大的风险是一场人类社会的"战争"吗？或许不是战争胜似战争。这一次规模和烈度更为空前剧烈的"战争"，则是在人与自然之间进行的，因为在城市化日益演变为世界各国的政治追求，人类的物质欲望被无节制地释放和激励的现代。这种条件下的城市化，对自然界的掠夺性与战争是完全一致的。

三、战争是历史上调节资本过剩的剪刀手

现在资本过剩的规模相当于两次世界大战的战损，这样惊人的规模不是无意义的。它启示着我们，从历史到现在，每一轮的城市化高峰过后都面临剧烈的"调整"，这种"调整"往往意味着战争。而战争也的确扮演了资本过剩的最有力的剪刀手，以巨大破坏的形式，平抑资本过剩，同时推动形成下一轮城市化高潮。

自然界走向崩溃

一、中国城市化引发的问题被低估

世界银行等机构对中国的城市化速度大加称赞，而经济合作与发展组织（OECD）对中国城市化的进展表示惊讶，因为 35 年来中国有 5 亿多人迁入城市，使中国超大城市数量达到了 15 个，世人似乎大大低估了中国超大城市增长的规模。OECD 对中国的城市化速度持保留态度。在世卫组织 2014 年的数据中，112 个中国城市中，只有 22 个城市的空气中细颗粒物浓度低于世界平均水平。

二、城市化问题的本质是人与自然的关系问题

城市发展的背后是人与自然的关系问题。人类社会的发展对资源和自然的攫取多少算够？答案是：几乎永远没够！消费社会只是一个短

暂的阶段，所有父母都想给他们的孩子更好的生活，但是我们必须认识到，这样的生活不可能由更多的小汽车、更多的空调、更多的预先包装好的冷冻食品及更多的购物街组成。

三、自由竞争市场对人与自然问题基本失效

在人与自然的关系方面，鼓励消费主义的自由竞争市场几乎就是自然界的一个明显的敌人。而政府机构，尤其是那些立场比较中立的政府机构，则尚有希望扮演更为有利于自然的角色。事实上，政府的作用以及各国政府组织的合作，是这个世界唯一的希望。

"危机三角"的噩梦

一、"危机三角"主导了当今世界的危机循环

发展经济学的"危机三角"是：城市化、资本过剩和经济危机。第一步，消费主义竞相攀比的城市化带来了席卷世界的"造城运动"，在鼓励竞争的自由市场的催生之下，以挖掘和制造各种财富为契机和理由，从需求角度不可遏制地创造出惊人规模的资本，远超"适度"与"恰当"的范围。第二步，资本过剩这个因城市化导致的因素，将产生令人震惊的动能，制造出大量的泡沫，如大潮般推动金融危机和经济危机的产生。第三步，人类的欲望以及对所谓"文明"和"进步"的渴求，总会在危机修复之后，再度将城市化浪潮作为追求的目标，并不断地重复这一可怕的循环过程。

二、"危机三角"循环必然导致市场危机

"危机三角"指由城市化－资本过剩－经济危机构成的循环，在这一展示共生关系的循环中，城市化刺激产生资本过剩，资本过剩制造各式经济危机。这一循环的背后是城市化亮丽的外表、汹涌的资本

大潮以及相伴相生的必然性市场危机。

三、自由市场体系带来远超过理性需要的欲望

表面上的货币超发、产能过剩以及发展节奏的变换，实际的市场基础都是世界的城市化浪潮。自由市场的交易体系，追求的是溢价再溢价，进而会夸大所谓的"潜在需求"。随着自由市场在当今世界占有主流地位，但自由市场带给人类的是远远超过理性需要的无止境的欲望，催生和刺激对自然界的巨大破坏，同时还制造了痛苦不堪的各式各样的市场危机。

四、全球化并不能解决资本过剩问题

全球化能够解决资本过剩的问题吗？表面看，全球化创造了新的市场空间，似乎有助于消化掉泛滥的资本。问题在于，全球化只是空间的扩大，并没有改变问题的实质。全球化起到了资本过剩放大器的可怕作用，人们只是被"据说"存在的市场空间所支配，进一步推升资本过剩的严重程度。

五、货币区无法实现抑制资本过剩的目标

与全球化相比，货币区是另一个消除资本过剩的努力方向。但欧元区的例子显示这一办法也是失败的，因为欧元区推出的量化宽松政策和负利率政策，显示货币区甚至正在创造出更大程度的资本过剩。

世界危机的循环

一、人类社会无法摆脱金融危机和经济危机

一个明显可见的悲观结论是，人类社会终将无法摆脱各式各样的金融危机和经济危机。而且，人类社会只能经过最为痛苦的方式，比如战争、通胀或是通缩，才能重新回到正常的轨道。除非全球资本过剩

能够得到消弭，全球性的市场危机不会只出现一两次，而是将会间歇性地大发作，直到天量资本打了水漂为止。

二、欧洲要向"魔鬼"缴更多钱才能买到未来的门票

欧洲为了走出资本过剩的困境，还需要更多的钱。金钱制造了可怕的陷阱，但要从陷阱里走出去，还需要更多的钱。繁荣看着亮丽无比，但这是"魔鬼"的洞窟，而且走进"魔鬼"的洞窟容易，想要走出去，就必须向"魔鬼"缴纳更多的钱，才能购买一张未来世界的门票。

三、资本潮水带来的虚幻繁荣终将消退

流动性陷阱的前提是资本过剩，但世界上大多数国家的政府都不愿意承担政治风险，宁愿相信"更多的钱"可以冲出流动性陷阱。于是，资本过剩在一定周期中，像"魔鬼"一样推高了世界上很多东西的名义价格，让大家看到一片梦幻般的繁荣景象，商品价格不断上涨，似乎钱景无限。实际上，资本涌到哪里，就会在哪里造成混乱和虚假繁荣，而当资本像潮水一样退去的时候，留下的是商品危机、金融危机和经济危机，留下的是一片狼藉。

四、资本溢价现象随着世界城市化进程而加快

溢价现象指的是相对于经济总量，资本的支付超过经济总量的名义价值或面值。随着世界城市化的步伐自20世纪80、90年代逐渐加快，这种资本溢价的现象越来越严重，资本泛滥的现象遍布发达国家。20世纪70年代，美国证券交易量只相当于经济总量的4%，日本更是只有2%；但此后资本过剩极大地推升了相较于经济总量的虚拟资产，大家都用虚拟资产来承接资本，使得到了20世纪90年代，美国的资本比20世纪70年代膨胀了57倍，日本膨胀了45倍，实际生产增加部分的价值远远落后于虚拟资产的价值。

从"危机三角"到乌托邦

一、重现真实价值必须冲销过剩资本

资本过剩是在城市化过程中形成的过量资本，这些以个人财富、集团财富和政府财富表现的过量资本，在自由流动的前提下，造成了市场的重大波动和震荡，引发全球性的各种危机。削减和冲销这样的过量资本，对个人来说，是财富的损失；对世界来说，则是市场秩序的回复，真实价值的重现。

二、平衡资本过剩的三大思路

第一是税债和资本的大规模"报废与中止"。资本的"大规模的报废与中止"，意思是中止世界各国对开发项目的狂热追求。第二是福利全球化。福利全球化的意义甚大，绝非到处"撒钱"那般简单。福利全球化不但是一个倡导，更是一种改善全球资本环境的有益举措，它可以让过剩资本带来的产能造福世界的贫困角落，将原本掠夺式开采的自然资源，善加其用，同时降低世界的族群冲突甚至战争的危险。第三是世界范围的货币改革。

三、各国政府的未来是变为社会福利组织

纠正自由市场的偏差还是要靠政府。世界民主政治的发展不可阻挡，在可以预料的将来，世界各国的政府将会变异成为一种社会福利组织。对一个社会的发展环境，尤其是金融资本环境而言，这样规模巨大的社会福利组织其实是不可或缺的中坚力量。

"马歇尔计划"创造了"二战"之后欧洲复兴的奇迹。没有世界政府组织之间的密切合作，"马歇尔计划"是不可能实现的。这个世界还需要更多的"马歇尔计划"去造福世界，世界需要"马歇尔计划"

这样的区域战略工具。但谁能妥善地执行"马歇尔计划"呢？依然只有世界各国的政府组织。所以未来世界的政府组织运作是否得当，直接关系到世界的稳定和经济健康。

四、中国"一带一路"战略有助于缓解资本过剩

世界必须理解寻求新市场空间的努力。从中国的"新丝绸之路"到中国的"一带一路"，这是寻找新空间的努力。但世界也必须注意到，这种寻找市场新空间的努力，同时也有助于缓解世界性的资本过剩，这是西方政治家目前所没有能力理解的事情。

五、世界已进入一轮城市化和资本过剩的长周期危机

我们的世界已经进入一轮明显的长周期危机，正处于一个明显的死循环当中，在无解的道路继续盲目前行，能否蓦然回首，重归理性轨道，要靠世界各国政治家们超脱于意识形态和政治目标的超前努力。

（陈功：安邦集团（ANBOUND）创始合伙人、首席研究员、博士后导师、著名智库学者、信息分析权威专家、北京城市学院竞争情报研究所研究员、中国社会科学院信息学会的理事、中国科学技术信息研究所特聘硕士研究生导师、中国体改研究会特邀研究员。新丝绸之路的最早研究者，中国版马歇尔计划提倡者，他同时也是陆权理论的最早研究者。研究方向主要是基于信息分析的地缘政治战略和城市发展战略。）

新财税主义宣言

——重整财税体系，摆脱经济萧条

高连奎 / 文

我们遇到的不是一个国家的问题，而是整个世界的问题！

这不是一届政府、一个领导人的问题，这是一个时代的命题！

根据我们的分析，当今世界迟迟走不出经济危机，最核心的问题就在财税问题上，如果没有财税改革，仅仅靠财政政策、货币政策或是期待其他产业热点的出现都是解决不了问题的。

本次经济危机后，中国学者走在了世界经济学创新的前列，先后有林毅夫先生提出了新结构主义经济主张，滕泰、贾康等学者也提出了新供给主义主张，但是如果没有财税改革做基础，没有充足的财源做基础，无论是新结构主义还是新供给主义都将成为无源之水、无本之木，成为口号学派，不可能真正地解决问题。

我们认为，本次经济危机的根源在于当今世界各国的财税体系已经不适应世界的发展，因此全世界都必须开展一次彻底的财税改革，我们就是在这样的背景下，针对这样的现实问题，提出我们的建议。

罗斯福新政成功的秘诀在于财税改革，而非财政扩张

罗斯福新政是人类目前唯一有效解决"大萧条"的成功实验，其经验弥足珍贵，20世纪人类遇到的经济危机很多，如拉美经济危机、日本经济危机、东南亚经济危机、俄罗斯经济危机等，这些国家或地区经过经济危机后都一蹶不振，萧条时间都长达二三十年之久，都没有能够像罗斯福新政一样成功克服萧条，这背后的原因到底是什么呢？

对于罗斯福新政的成功，人们往往归因于凯恩斯主义，但根据笔者的分析，美国走出大萧条，并不完全是靠凯恩斯主义所主张的赤字投资政策，而是因为罗斯福重构了美国的财税体系，这是凯恩斯主义中所不具备的。

比如现在维持美国财政收入的第一大税种和第二大税种都是罗斯福新政时建立的。在大萧条之前，个人所得税在美国是一个可以忽略不计的税种，只是少数人才交个人所得税，罗斯福新政之后，个人所得税成为美国的第一大税种。在大萧条之前，美国没有社会保障税，大萧条后社会保障税成为美国的第二大税种。有了这两大税收做基础，美国政府才有充足的财政进行财政投资与基础设施建设，而且即使经历了"二战"，美国政府也没有为美国人民欠下多少债务，其债务水平一直在可控范围之内。

美国目前的财政体系仍然是罗斯福新政时期奠立的，因此罗斯福的财税改革不仅仅帮助美国走出了经济危机，而且奠定了战后美国长达三十年的黄金时代，而20世纪80年代以来的新自由主义减税政策又将美国重新拖入了危机。

罗斯福主义与凯恩斯主义的区别

关于罗斯福新政时期的改革措施，我们可以将之称为"罗斯福主义"以区别于凯恩斯主义。到目前为止，在经济学界很少有人探讨罗斯福主义与凯恩斯主义的区别。其实根据笔者的研究，两者具有根本性的不同。首先，凯恩斯主张赤字财政，而罗斯福是财政平衡主义者；其次凯恩斯主张减税，而罗斯福则主张采取加税的政策。

罗斯福拯救大萧条是按他自己的思路进行的，因此我们认为真正拯救大萧条的是罗斯福主义，而不是凯恩斯主义。凯恩斯主义赤字加减税的经济政策只能拯救小萧条，大萧条则不行，因为大萧条需要动用的资金太多，仅仅靠赤字根本不可支撑。因此中国之前的经济危机完全用凯恩斯主义的周期性投资政策解决，而现在中国与世界遇到的是百年一遇的长周期危机，凯恩斯主义面对长周期危机就会出现失灵的情况。

因此本次经济危机，如果再用凯恩斯主义就会出现治标不治本的情况，因为大型的经济危机的根本原因不是经济周期问题，而是财税危机，是一个国家的财税体系无法支撑这个国家的经济发展水平导致的危机。如果中国与世界不进行财税改革，那么整个人类都会像20世纪的拉美、日本、东南亚经济危机一样陷入一个长达二三十年的经济萧条，这是我们不愿意看到的。

新财税主义的核心经济思想

一、一个国家的财税水平必须与这个国家的经济发展水平相适宜

新财税主义认为，一个国家的财政水平与财政方式必须与这个国家的经济发展水平相适宜，一般纯农业国家的财政税收会占到这个国家

GDP 的 10% 左右是合适的，中国和欧洲的古代都是这种状况。处于工业化初期的国家的财政税收占到 GDP 的 20% 左右是合适的，在非洲和南亚的一些贫穷国家仍然处于这样的税收水平。一个全面工业化的发展中国家财税税收占到 GDP 的 30% 左右是合适的，而一个国家达到了中等收入国家水平，财政税收一般要占到这个国家 GDP 的 40% 左右，这也是中国目前应该达到的税收水平。而在发达国家的税收一般占到 GDP 的 50% 左右，北欧高福利国家甚至更高。有人认为美国、日本税收没有达到 50%，这只是统计口径的问题，比如美国的医保是私有化的，并没有纳入社保税的统计范围，美国存在众多的私立学校，这也没有纳入财政支出的统计口径，比如日本的社会保障缴费很多也没有纳入宏观税负统计。而中国的财政支出统计口径则过大，比如中国的事业单位、商业团体、科研单位都是公务员编制，甚至不少清洁工都是有编制的人员，导致中国财政支出统计口径过大。

二、随着国家经济发展水平的提高，税收必然会呈现不断升高的趋势

新财税主义认为，随着人类经济发展水平越来越高，财政税收必然会呈现不断升高的趋势，政府必须不断地改革这个国家的财税制度、财税种类与财政征收方式来适应经济发展水平的提高与财政支出的加大。这是因为社会发展水平越高，社会分工越细致，人民对政府服务需求就会越多，人民也需要享受更高水平的社会福利、更高等的学校教育和更好的医疗水平。回顾人类历史，第一次工业革命之后，在频繁经济危机和工人运动的逼迫下，人类建立了社会保障体系，第二次工业革命之后人类建立了社会福利体系，财政税收都相应地进行了大幅提高

三、经济危机是这个国家的财税水平与经济发展水平不适应的结果

新财税主义认为，一个国家发生经济危机往往是这个国家的财税水平满足不了这个国家经济发展水平的结果。而一个国家发生经济危机之后还认识不到这点的话，就会导致经济危机长期化，形成长期的经济萧条，直到财税体系得到根本改革，经济危机或经济萧条才会从根本上得到消除。

本轮经济危机，也是人类财税体系不能适应经济发展水平的结果。经济危机前人类发生了第三次科技革命，前两次科技革命之后人类都进行了财税调整，但第三次工业革命至今人类没有进行大规模的财税调整，所以诞生了经济危机。人类走出本次经济危机也要靠财税体系的调整，在人类实现共产主义公有制之前，还必须靠财税体系来维持政府运转。人类又到了财税体系革命必要时刻。

同样，"中等收入陷阱"也是这些中等收入国家的经济发展水平提高到中等收入国家之后，他们国家的财政水平没有相应提高，从而爆发了经济危机。比如拉美和东南亚国家在经济实现半发达之后都没有提高税收、建立现代社会保障制度，所以出现内需不足、过度依赖出口等情况，就必然爆发经济危机。同样在亚洲四小龙中，新加坡是最重视社会保障的经济体，所以新加坡的人均经济水平已经超越了大多数发达国家，达到了世界顶级水平。而韩国、中国台湾这些经济体则不注重社会保障建设，尽管拥有众多世界顶级企业，但是经济发展水平却只有正常发达国家的一半。

四、减税只能是阶段性政策，违背社会发展潮流，不适合中国与世界

本轮世界经济危机的核心是债务危机，其根源就在于20世纪美国里根开启的减税风潮，导致经济危机的原因不可能再成为解决经济危

机的方法。如果再继续减税、增加赤字，那将面临巨大的利息支出，最终每年的新增财政收入只能用于偿还利息，而不能用于经济建设，政府财政会走入"以债还债"的恶性循环。

中国正处于城镇化加速的时期，政府在城市建设和社会保障方面的支出只会增加，很难减少。2013 年 4 月，IMF 世界经济展望发布了 IMF 成员国一般政府收入占 GDP 的比例数据，中国在 188 个 IMF 成员国排名第 146 位，属于低税国家，但由于中国以前有土地出让金弥补政府财政不足，所以低税问题没有暴露，但随着土地出让金的减少，税收不足问题将暴露得越来越严重。

新财税主义的政策主张

一、一个国家必须随着经济发展水平提高而提高财税水平

新财税主义在经济政策上，主张一个国家的政府必须不断根据这个国家的经济发展水平，对财税水平以及财税体系进行调整。这种调整一方面使财税体系真正适应并支撑这个国家的经济发展，另一方面为了避免经济危机的爆发。但必须指出的是，这种调整大多数都是以提高税收为指向的。

二、财税调整并不完全是税率的调整，更体现为是税收思想与征税方式的革命

在当前美国的税收框架，基本上是 20 世纪大萧条时期建立的，后来所谓的"增税"与"减税"都是在框架不变的情况下调控税率，但如果现在仅仅调控税率已经完全无法解决问题，人类需要创立新的税收思想与税收框架。因此笔者所主张的"增税"也不是主张盲目提高现有税种的税率，不是加重企业负担，而是应该以全新的理念来支撑财政转型，

其实质是一场新的财政革命。

人类未来的增税空间在哪里？

一、富人品牌消费征税

很多人主张通过所得税和遗产税对高收入人群进行征税，但是这两个税种在现实中往往是行不通的，征收过高的所得税会伤害到高收入人群创造财富的积极性，而遗产税则存在太多的避税空间。即便在税收制度非常完善的美国，遗产税也是一个微不足道的小税种，高收入人士完全可以通过设立各种信托机构来避税，因此现在不少国家都取消了遗产税。向高收入人群征税，应该从商品消费的角度进行征税，因为高收入人群无论是自己消费还是将财富传承给子孙，最终都是用来消费的。

对于消费税，笔者不主张通过品类来征税，而是通过品牌来征税。当一个国家发展到一定程度后，品牌消费成为大众消费的典型特征，因此完全可以按品牌定位进行征税。比如中国的化妆品一直征税较高，但是很多化妆品已经是大众消费水平，而非奢侈型消费，只有部分品牌才是奢侈型消费，我们只向其中部分品牌征税即可。

二、低价产品的税收

商品的价格不是一成不变的。随着经济的发展，有些产品的价格是升高的，有些是降低的，有的产品一个阶段价格很高，到了另一阶段价格就会很低。对于价格比较低的产品我们可以适度征税，也不会影响人们的生活水平。比如机器密集型产品以及技术成熟成品的价格就非常低，可以通过适度多征税也不会影响人们的生活，而对于劳动密集型产品和科技密集型产品则可以适度减税。

新财税主义改革建议："四增四减"的财税改革方案

对中国实行"结构性调税、增税"的四条建议：

一、增加享受型产品和奢侈型产品的税收，降低生存必需品税收

应该根据不同的行业，不同的产品制定不同的标准，笔者建议将各种产品分为"生存必需品""享受型产品"和"奢侈型产品"三类，提高享受型产品和奢侈品的税收，降低生存必需品税收。

对于生存必需品可以按类别划分，对于奢侈品则可以按品牌进行认定，很多品牌可以全品牌直接划入奢侈品的行列，比如奔驰、奥迪、宝马等豪华汽车，苹果手机以及一些名牌服饰、珠宝，化妆品等。这样划分之后，就可以对这些产品进行奢侈品认定，增加征税，并且增税的空间非常大。而那些生存必需品可以实行普通的税收，甚至适度减税、免税。

奢侈品不符合价格曲线，增加税收并不一定降低销量，奢侈品认定对商家也有好处，等于对商品品质和定位的背书，商家也不一定反对。

二、增加成熟工业品税收，适当降低高科技产品税收

笔者建议将工业品分为成熟工业产品和新型科技产品，对于成熟工业品可以适当提高税收。因为成熟工业品需要投入研发的费用非常少，只有生产费用，而新型科技产品则需要持续的研发投入，而且需要面临全球技术竞争，可以降低税收，鼓励创新。

比如一个手机技术不成熟时可以卖一两千，技术成熟后可以卖两三百；比如一台冰箱价格不过一两千元，而一个小小的手机也一两千元。这就是成熟技术产品与非成熟技术产品的差别。

三、增加机器密集型产品税收，降低劳动密集型产品税收

对于产品，我们还可以分为机器密集型产品和劳动密集型产品。劳动密集型产品可以适当减税，对于机器密集型产品可以适当增税。因为对于那些已经实现机械化大生产的产品，劳动生产率非常高，价格也变得非常便宜，即使适度提高征税标准，价格也可以承受。比如一台电视机 1000 元，征税 50%，价格升高到 1500 元，人们照样买得起。

而对于劳动密集型产品比如服装、鞋则可以降低税收。比如一双女士皮靴的价格比一台彩色电视机的价格还要高，背后原因就是因为电视机是机器化生产，而皮靴更多需要手工劳动。对于需要手工劳动比较多的行业就可以减征税收，比如中低端餐饮和理发等行业。

四、 增加专项服务收费，降低企业增值税和所得税等公共税收

建议将税收分为公共税收和专项税收，增加专项税收比重，降低公共税收的负担。能用专项税费解决的问题就不要再用公共税收，政府在特定领域的建设也可以通过专项税收加以平衡，这样就可以降低公共税收的负担，从而降低企业和个人的税收负担。

与城市建设、公共服务有关的项目，可以适当增加费用，比如燃油税就可以适当提高以支持城市道路建设，而企业增值税和所得税等公共税收可以适当降低。

增加税收是中国的必然选择。根据世界发展规律，发展中国家的税收一般占 GDP 的 30% 左右是合适的；中等收入国家税收占 GDP 的比例为 40% 左右是合适的；发达国家税收一般要占 GDP 的 50% 左右；中国已经成为中等收入国家，税收占 GDP 比例应该达到 40% 左右。这样政府才会有足够的财力去解决社会问题，而老百姓一旦从高税收中享受到好处，老百姓也是不会反对的，比如在税收最高的北欧，几乎没人反对征税。

以上是关于中国当前财税问题的分析与思考。世界竞争从根本上看是政府的竞争，是政府政策制度的竞争。如果哪个国家能够创新出一套新的适应时代发展、解决时代问题的制度，那这个国家就将领导这个世界。20世纪是美国，这个世纪希望是我们中国。

（高连奎：现任中国人民大学重阳金融研究院世界经济主管，上海交通大学海外教育学院专家顾问，中国专家学者协会理事。主要研究领域为西方经济思想史、发展经济学、经济宏观调控、货币理论、福利社会理论等，先后提出了"平衡经济学"原理、"低生存成本型社会"理论、"精准调控"理论等原创性经济学主张，是中国真正建立了独立完整经济思想体系的少数几个学者之一。）

人民币加入 SDR 将重构国际货币体系

孙兆东 / 文

人民币入篮，纽约时间 11 月 30 日就是答案揭晓的时刻。虽然 SDR 规模不大且直接使用范围很小，其象征意义大于实际意义，但人民币入篮将会带来的后续一系列影响备受关注。人民币加入 SDR 货币篮子或已板上钉钉，明天结果的宣布，将意味着人民币开启国际化的第二段旅程，即其国际贸易功能之外，储备投资的功能将更加凸显。更多地离岸人民币的使用、储备与投资，将会为中国货币当局带来新的监管课题，人民币也将担负起改革国际货币体系的更加重要的角色。

作为 IMF 其成员国之间确定的使用储备结算清算的规则，与 NDR（普通提款权）相比，SDR（特别提款权）是成员国之间使用资金的特别权利。主要用于换取外汇偿付逆差、偿还 IMF 贷款，与从其他国家手中换回本国货币。相当于企业客户在银行获得的特别信贷额度。但使用具有局限性，需要换成 SDR 货币篮子中的四种货币或其一后方可使用。目前这四种货币是美元、欧元、日元与英镑。

作为一种信用资产，SDR 总规模较低，且作为储备资产的吸引力较小。1970 年至今，IMF 共分配了 2040 亿单位 SDR，约合 3180 亿美元，不足全球非黄金外汇储备的 5%，发达国家使用 SDR 的积极性和紧迫性并不高。

次贷危机后，中国对 IMF 增资，从 2.59% 增加到 4%。2010 年 IMF 也出台改革其份额方案，但时至今日并没有实施。不过中国在 IMF 中股权排在前几位，中国贸易量在 SDR 中可使用份额也在前几名，如果不让人民币加入 SDR，IMF 规则将仅会在发达国家之间使用，但其长久的生命力是经受考验的。所以 IMF 需要改革，全球货币体系需要改革，SDR 也需要改革。短期内最重要的是，SDR 的结构优化，也就是增加第五个货币。

人民币加入 SDR，会为其成为国际储备货币铺平道路，可使得各国增持人民币作为储备资产、从而增加对以人民币计价的中国资产的配置，为国内带来增量资金。虽然 SDR 用途有限，但人民币加入 SDR 之后，在一定程度上也可以给中国货币当局调节离岸市场提供了一个指挥棒。加入 SDR 是人民币国际化的一个驿站，促进人民币国际化的同时，也将促进现有国际货币体系的改革。

人民币入篮后，其相挂钩的人民币需求为 6 万亿至 10 万亿

北京时间 11 月 29 日，俄罗斯中央银行宣布将人民币纳入储备货币，似乎抢先为人民币加入 SDR 剪彩。人民币加入 SDR 货币篮子之后，会促使人民币的国际使用量出现明显上升。使用量与贸易量、投资量和储备量相匹配的。和中国贸易量较多，结算较大的国家会逐渐直接使用并储备人民币。比如首先在外汇支付逆差的时候，贸易国家和中国之间就直接可以使用人民币，这将减少与中国有直接贸易关系的国家此前绕道换汇的汇兑成本。

2010 年至 2014 年中国出口在全球占比 11%，但人民币仅占到全球官方储备的 1.1% 左右。若人民币顺利加入 SDR，很多国家央行盯住的储备货币篮子也会将人民币纳入储备，将促进人民币储备与投资。总体算来，未来 2 到 3 年国际非直接使用 SDR 的需要量，而是和 SDR 挂钩的结算、投资和储备的人民币需要量是 6 万亿到 10 万亿元人民币。

人民币国际化之前，人民币被国际上很多货币专家或者央行认为是一种风险货币，但一旦加入 SDR 后，就会有越来越少的人认为其是风险货币，就会将人民币作为一个避险的货币，并且任何一个刚刚加入 SDR 的货币都会迎来一个马太效应，受到热捧。甚至对于传统的避险货币不感兴趣。需求量的上升，这就促使 M2 中的更多的人民币要离岸，要走出去。这也会使得短期内人民币升值的预期不会改变。

但目前随着美元强势周期的影响，与中国经济依然有下行压力等因素，市场上对人民币的偏空情绪较为浓厚。这意味着需要提防一个风险，也就是人民币加入 SDR 之后美元是否会马上加息，如果美元加息，人民币跟不上美元，即人民币升值幅度没有美元升值幅度高的话，就会有汇率波动的风险，但总体来说，美元即便加息幅度也不会过大，而按照一揽子货币来讲人民币持续升值仍会是趋势。

人民币加入 SDR 后，后续影响会对中国货币发行量和货币政策产生较大的影响。目前货币当局和研究界需要对此进行更为深入的研究。

人民币国际化进入第二阶段 考验货币政策

离岸人民币过去主要以贸易和结算导致的离岸为主，未来的离岸人民币中，储备和投资所占比重将持续上升。加入 SDR 货币篮子，表明人民币国际化进入了第二阶段——储备货币与投资货币。

　　中国用了五年时间完成了人民币国际化的第一阶段，即以非开放的本国的货币走向贸易结算货币，第一阶段的成果是，目前人民币已经成为第二大贸易货币，第五大国际支付货币，第六大外汇交易货币，第六大国际银行间贷款货币，和第七大国际储备货币。

　　未来也会有更多离岸的货币直接成为其他央行的储备货币，各国需要用这些储备进行投资来保值增值，这样就会加速奠定人民币国际化，促使其成为投资货币。这些离岸人民币需要再投资到人民币计价的金融资产里，其中一部分会流入中国债券市场，甚至有些投资激进的国家可以投资中国股市。这会对中国金融市场产生较大影响。

　　因此，人民币入篮将带动人民币货币发行量结构性变化，从而考验原有传统的货币政策。同时离岸人民币需要投资渠道，会影响中国的流动性，包括银行间市场，债券市场，甚至资本市场。对中国来说，这种影响是双向的、系统性的；影响不是爆发性的，而会是逐渐累积的，是一个持续的过程。

　　中国人民银行此前为推进人民币国际化采取的措施，包括扩大银行间市场的对国外机构开放、811汇改对人民币中间价的计价规则进行调整、利率市场化等，均也在技术上满足了人民币加入SDR对自由兑换的市场化货币的需要。但银行间市场虽然统计数据更为准确可控，但是其发行主体、交易主体等市场主体的扩容未来还需要进一步开放，更多的离岸人民币需要更多地投资渠道和产品。未来机遇和挑战并存，依然需要中国从能力、技术手段上应对可能存在的风险。

　　但这些都不是SDR直接使用带来的变化，本身SDR的份额很小，但会像尺子的刻度一样影响计价规则。其实这在目前的全球商业合作中已经初现端倪。比如中国电信和美国斯达康等企业签订的国际合同有的不是以美元计价，也不是以人民币计价，清算的时候是多少个点的 SDR 计价。因为 SDR 计价，是用四种货币的加权数，在金融危机期间会比任何一种货币都稳定，能规避一些汇率风险。

随着人民币的入篮，如果有更多与中国有贸易往来的企业也会选择 SDR 来计价，结算时可直接使用人民币。可以预计，这种计价方式的广泛使用，将会在合同中衍生出很多金融衍生产品，很多聪明人也能找到很多套利的办法。

配套的货币政策改革措施和管理能力需继续完善

人民币由中国的人民币，正在转变为真正意义上的世界的人民币，因此中国监管当局与企业都需要提高认识和能力，因势利导，积极应对，将挑战转化为机遇。

从监管当局来讲，货币政策需要由原有的管制的货币向开放的货币调控政策转变。以前调整货币政策考虑的是人民币在国内的流动性，未来需要考虑到境外的人民币的流动，比如流回中国对中国的影响等。比如货币发行方面，如果还按照 M2 的增长速度来调控经济就会误判。应更加及时准确地把握走出去的离岸市场货币量，并通过量化的数量模型判断未来的离岸人民币需求量。从而进行更好的流动性管理。

人民币入篮后，因与国际货币体系的规则逐渐开始接轨，中国监管当局还有很多大量的工作需要做，除了货币政策调整要考虑外部互动的因素。还要有一个大数据管理的意识。对国际货币的流动性、人民币在岸离岸的统筹考虑来进行货币决策。

2015 年年中的股灾给监管当局与投资者均上了沉重的一课，这让我们反思到金融工具，资本市场和衍生产品的关系，对于目前还不是完全开放的市场都已经有这么多影响，未来有过多的衍生产品之后，如果不能准确把握流动性和衍生产品的冲击，就会对市场产生更大的影响，甚至间接影响到经济的波动。危机就会从由资本市场、金融市场传导到经济。所以要有危机意识和心理准备。

企业方面来看也是一样，未来怎样更好地在国际贸易中使用以人民币或者 SDR 计价的合同，或者是开发出更多的汇率衍生产品，实现利率和汇率的掉期手段，这些都是必需的技能之一。

人民币入篮未来将加速国际货币体系改革，构建超主权货币

人民币加入 SDR 对人民币国际化有实实在在的好处，但是对 SDR 的好处甚至超出对人民币的好处，这是首个发展中国家的加入，改善结构后会促使更多人去使用 SDR。不过，若出现黑天鹅事件，IMF 不让人民币加入 SDR 货币篮子，SDR 就会成为仅在几个发达国家之间起作用的度量衡。因此，中国在衡量加入 SDR 后对本国的影响，IMF 也在衡量人民币加入后对 SDR 与 IMF 的影响。

即使明天 IMF 宣布人民币没有加入 SDR 的货币篮子，也不影响人民币国际化的大局。即使短期内来看，对人民币的走势会有所震动，但从长远来看，人民币国际化的路程依然在继续，甚至对于国际货币体系的改革意义更为重大。

因此人民币加入 SDR 并不是人民币国际化的终结，而是在另一个台阶上的新的起步。未来的五年，人民币将超过英镑和日元成为第三大货币。到 2025 年，人民币就会成为国际主导货币之一，和美元、欧元，三大货币三足鼎立，共同促进国际货币体系的改革。三大货币会改革国际货币体系，主导构建"新的布雷顿森林体系"一样的全球的超主

权货币，从而对人类经济社会产生重大的影响。

值得回味的是 2009 年，中国人民银行行长周小川一周连发三篇文章，谈到国际货币体系改革的时候，阐述了超主权货币是国际货币基金体系发展的方向。IMF 也认为有必要通过 SDR 和篮子货币的改革来构建超主权货币。

我们认为，到 2025 年会逐步构建起一个电子货币主导的货币形式，但是发行还需要由主权国家来管理。那时人民币在全球使用和影响力相当大。随着"一带一路"的发展，国际贸易和国际经济逐渐发展融合，单靠单一货币来成为顶级货币，这种一股独大的方式也不利于一国的发展。目前和平发展越来越成为共识，五到十年后会形成三大主导货币共同主导维护的国际货币体系，成为顶梁柱。如果 IMF 能担任得起这样的大任，改革自己，就有可能推出超主权货币。但是目前从国际形势来看，发达国家的改革意愿并不强烈。从而应该说国际货币体系未来的改革，人民币仍将承担着最为重要的历史重任。

（孙兆东：《世界的人民币》作者，知名经济学者，高级经济师，客座教授，获中国期货执业资格。于全球第二大市值的上市银行，拥有 5 年投资银行、23 年商业银行经营管理经验，主要从事：融资、并购、金融安全与货币政策等方面研究和实务。出版《世界的人民币》《次贷危机》《越南"危机"》《国家破产》《走向世界的银行家》和《碳金融交易》等著作图书。）

中国当前应推动亚洲区域金融合作

张明 / 文

1997 年至 1998 年东南亚金融危机的爆发驱动了第一轮的亚洲区域金融合作，清迈倡议应运而生。清迈倡议的核心是东盟十国与中、日、韩之间签署的双边货币互换。这些双边货币互换的累积金额一度达到 800 亿美元左右，但从未被使用过，部分原因是因为 90% 的额度动用要与 IMF 的贷款条件性挂钩。

2008 年爆发的全球金融危机驱动了第二轮的亚洲区域金融合作，清迈倡议多边化取得重大进展。首先，作为多边化的成果，东亚国家建立了总额 1200 亿美元的外汇储备库（在 2014 年扩大至 2400 亿美元），这实质上将双边货币互换扩展到多边，显著扩大了一国爆发危机后可能获得的潜在援助规模。其次，与 IMF 贷款条件性的挂钩比例由 90% 下调至 80%（后来又下调至 70%），这增强了一国爆发危机后获得援助的可预期性与及时性。再次，东亚地区创建了自己的宏观经济监测机构——亚洲宏观经济研究办公室（AMRO）。然而，遗憾的是，扩展后的清迈倡议迄今为止依然没有被动用过。例如，韩国在 2009 年遭遇资本外流冲击时，选择了向美联储申请援助，而没有寻求启动清迈倡议。

之所以亚洲区域金融合作进展缓慢，一个重要的原因是，虽然东亚国家在经济周期、贸易与投资方面的协同性日益增强，然而在数量较多、经济发展程度相差较大、利益考量分歧较大的国家之间要形成集体行动，面临着很多困难。此外，在中国与日本两个地区性大国之间，也存在着区域金融合作的主导权之争。这从 AMRO 第一任主任居然由中国人与日本人分别担任一半时间的安排中，就可以窥见一斑。因此，亚洲区域金融合作具有很强的危机驱动特征，也即一旦危机来袭，则合作向前推动一步，而一旦危机缓和，则合作通常会停滞不前。

从 2009 年起，中国政府开始大力推动人民币国际化，尤其是跨境贸易投资的人民币结算以及离岸人民币金融市场的发展。这被市场解读为中国政府对推动亚洲区域金融合作意兴阑珊，转而致力于推动本币国际化。此后，人民币国际化进程充分地吸引了区域乃至全球的眼球，而亚洲区域金融合作再度停滞不前。

笔者认为，当前可能是推动亚洲区域金融合作的新的机遇期。主要理由如下：

第一，当前全球经济增长疲弱（长期性停滞的阴影越来越浓厚），金融风险日益凸显。尽管东亚经济体当前的基本面在全球新兴市场国家中是较好的，但还是会周期性地受到美国货币政策不确定性的冲击。例如，一旦美联储加息超过市场预期，则东亚国家通常会面临资本外流与本币贬值压力。这就导致东亚经济体普遍通过经常账户顺差来积累大量外汇储备，以此来增强本国抵御金融危机的能力。然而，如果外汇储备的规模超过适度水平，则积累外汇储备的成本将超过收益。如果能够通过增强区域金融合作来降低各国积累外汇储备的必要性，这会增进整个亚洲区域的福利水平。

第二，中国经济在亚洲区域中的重要性已经显著上升，以至于中国经济对亚洲各国经济的溢出效应也相应加大。为了应对这种溢出效应，亚洲很多国家在汇率制定过程中已经越来越多地参考人民币汇率变动。目前已经有很多经验研究指出，人民币在亚洲各国汇率货币篮中的比重，已经显著上升，在个别国家甚至已经高于美元的比重。人民币地位的上升，既与中国经济的总量大与增长快有关，也与中国在亚洲国际生产网络中的枢纽位置有关。在这一背景下，推进以中国为主导的亚洲区域金融合作，符合有关各国的利益。

第三，按照过去路径推动的人民币国际化已经进入一个瓶颈期，亟须新的思路来重新推动。2009年迄今的人民币国际化，在很大程度上受到跨境套利与套汇行为的推动。随着国内外利差的缩小以及人民币升值预期的逆转，人民币国际化的速度从2015年起已经显著放缓。例如，香港人民币存款规模一度达到1万亿人民币，但截至2016年2月底已经下降至8000亿人民币。笔者认为，未来中国政府推动人民币国际化的重点应该放在中国周边，应该将推动亚洲区域金融合作与推动人民币国际化二者结合起来，通过实现人民币的周期变化来最终推动人民币国际化。个中原因在于，一方面中国与亚洲国家之间存在密切的真实贸易往来，另一方面在于中国对亚洲国家存在总体上的贸易逆差，这就有助于重点推动具有真实贸易需求支撑的人民币国际化。

第四，推动亚洲区域金融合作有望缓解目前亚洲国家在外交方面面临的紧张局势，形成防御地缘政治冲突升级的缓冲垫。近期以来，在朝核、东海、南海等问题上，亚洲各国的对立情绪明显上升，甚至有擦枪走火的风险。为了避免地缘政治冲突的加剧，推动亚洲经济的和平发展，亚洲国家有必要继续加强在区域层面的金融合作，以此来强化彼此的共同利益，避免对立性情绪的升级。

第五，对中国自身的国家利益而言，经略东盟意义重大。从世界经济的发展历史来看，每一个大国经济崛起的背后，都有一批邻国的支撑。例如美国经济背后有整个美洲大陆国家的支撑、欧元区经济背后有中东欧、北非国家的支撑。而中国经济的崛起，离不开周边国家的支撑。当然，这种支撑并非单向的资源输送，而是亲诚惠容式的共赢发展。当美国政府正在通过 TPP、TTIP 与 TISA 重塑全球经贸投资规则之时，通过 RCEP 与"一带一路"来向南、向西拓展就成为中国政府的必然选择。与丝绸之路经济带相比，海上丝绸之路的国家在经济发展水平、制度质量方面与中国更加接近，潜在合作空间也更加广阔。因此，未来推动亚洲经济金融一体化，应该成为中国政府的重要战略。如果说 RCEP 构成了亚洲版本的 WTO、AIIB 构成了亚洲版本的世界银行的话，那么基于清迈倡议多边化的区域金融合作机制就有望成为亚洲版本的 IMF。一旦这些亚洲区域的经贸金融合作机制能够扮演更为重要的角色，亚洲区域一体化就有望继续前行，而中国与其他国家也都将从中获益。

（张明：经济学博士，现任职于中国社会科学院世界经济与政治研究所。研究领域为宏观经济学和资本市场。）

启用《信用价值论》新理论
再造中国经济高增长 30 年

蔡定创 / 文

　　近年来，我国经济持续下滑，由此引起国内外广泛的关注与讨论。绝大多数人认为我国经济不可能再有原来的高增长，更有学者认为，我国经济也必然与欧美国家一样步入低增长的区间，甚至还有人认为很快就会进入危机状态。所有这些看法都是持有西方经济学理论作为观察与分析的工具，或者是用类比的方法做出的经验性结论。现在，中国创新的宏观经济学理论《资本论续——信用价值论：宏观经济学新原理》[1]已经产生，这是一部与西方宏观经济学完全不同的、全新的思想理论体系。用《信用价值论》理论来观察与分析中国经济则会产生不同的结论，如果依据《信用价值论》理论来建立宏观调控体系，我国经济增长完全具有保持在 10% 左右的速度，并再持续高增长 30 年的潜力。

　　有的人看到这个结论可能会骂娘。如果你心怀好意而不是歹意，认

1《信用价值论》，蔡定创、蔡秉哲著. 2015 年光明日报出版社出版。

为就不要急忙着骂娘，而是应该先怀疑一下自己的知识体系是否陈旧过时。因为每个人已有知识都是有局限性的，即使你是资深的专家，《信用价值论》的知识体系可能正是你所不掌握的。因为《信用价值论》所揭示的当代经济价值生产过程与经济运行规律，正是传统经济学（包括西方经济学与马克思主义经济学）一直都不甚了了的。笔者坚信，当你熟读与掌握了《信用价值论》这个当代世界前所未有的新理论时，也一定会与笔者一样坚信，只要应用《信用价值论》理论原理，制定切合中国实际的宏观调控方案，中国经济仍以 10% 左右的速度再造 30 年高增长，是一定没有问题的。欧盟国家如果运用《信用价值论》新理论，也同样可快速走出欧债危机，步入可持续增长的轨道。《信用价值论》是一部世界各国都用得上、急需要的新理论。

人类有无限的潜能，而人类的实际能力，往往受制于认识上的局限。在自然科学中，当爱因斯坦的相对论产生后，人类的开发能力一下子增长了数倍。而在社会科学领域，一旦在反映客观真理的宏观经济学理论上有重大突破，所创造增量的社会价值，绝不是自然科学上的理论突破所能比拟的。如果各国都能应用《信用价值论》来管理与调控经济，所产生的增量财富将是不可想象的（世界总经济量如果因为经济理论而提高增长 2%，持续 30 年会增加多少？这个数将是百万亿级别的）。世界进入大同世界绝不会是梦想。

本文献给那些真心为国民福利谋利益并为之奋斗的人。

《信用价值论》理论介绍

《资本论续—信用价值论—宏观经济学新原理》是一部逻辑严密，体系内容比较完整的宏观经济学基础理论论著，主要是通过对社会价值生产过程详细考察，从而揭示经济运行的规律。如果用一句话来概括：它是一部全面揭示社会价值生产过程与宏观经济运行规律的论著。应用这一理论于中国经济发展，可再造中国经济高增长 30 年。

一、《信用价值论》中的十大理论创立与创新

《信用价值论》中有十大理论创立与创新。创立是指原来从未有过这个理论，创新是指对原已有的理论重新构造。

1. 属于创新的理论有五个：货币理论、国债货币理论、汇率理论、虚拟经济理论、社会主义理论。

这 5 个方面的理论原来都有，但通过《信用价值论》的理论论证证明，原有的这些理论都有错误或者过时了的。《信用价值论》对这些理论进行了重新定义、重新构造。

例如，重新定义了货币，发现了货币信用价值生产的规律；重新定义了国债货币，发现了国债货币的本质与传统理论与观念完全不同，发现了国债货币信用价值生产的规律；重新定义了虚拟经济，详细论证了虚拟经济信用价值生产过程与运行规律。

新社会主义理论是通过《信用价值论》对当代社会四种生产方式的详细考察，通过发现新的运行规律后，依据这些新规律所创立的新理论。这些新的运行规律的发现证明，原有社会主义理论中关于社会主义的产生方式、社会主义的生产方式、所有制形式等理论都是有问题的。特别是所有制形式，原来认为社会主义所有制形式中只有国有和集体所有两种，而当代的价值生产方式除了国有企业外，还有信用价值生产方式、社会资本生产方式与非资本生产方式等。这些生产方式在所有制关系上都是属于或者是包含有全民所有制性质的社会主义的生产关系在其中。此发现正说明了马克思的关于社会主义的生产关系也会

从资本主义生产关系中孕育产生的预言是正确的。社会主义不仅在中国，同样也已经在欧美发达国家资本主义内部孕育产生了。

新汇率理论是建立在本着所创建的货币理论基础上的。西方经济学已有十来个汇率理论，几乎全部都浮在属于表面现象的价格层面上来说明汇率的决定，因此，没有一个汇率理论能真正说明汇率变化的本质原因。《信用价值论》中的汇率理论是建立在新创立的货币赋值理论基础上的，是重新构建的汇率理论。这个新汇率理论通过构建汇率的三层构架、四维度空间运行过程，详细演绎了汇价变化与劳动生产率变化、劳动力价格（工资）变化、货币面值变化与币值变化的十分复杂的关系。因此可称为汇率的三层构架、四维度运行空间理论。

2. 属于完全创立的新理论有五个：“双轮经济”构架理论、“印钱消费”理论、四次分配理论、社会资本生产理论、资本条件下非资本价值生产理论。这五个理论都是属于从未有过的新理论。

“双轮经济”构架理论与“印钱消费”理论，已经出版了《双轮经济》（2013年）与《印钱消费》（2011年）两部专著。因为这两个理论都是《信用价值论》这个理论体系中的子系统理论，各自本身都有一个完整的理论逻辑结构。

什么叫社会资本价值生产？社会资本概念不是目前学界现用的私人资本总和这个概念，在《信用价值论》中重新定义为由政府职能或政府所直接组织所产生的社会价值生产。不能否认，政府工作人员的劳动也是创造价值的劳动，但是在西方经济学中是不承认政府工作人员的劳动也是价值生产劳动的。由于西方经济学只考察价格生产，政府工作人员的劳动是不通过价格来表现的。不考察价值生产，所以也不可能看到政府工作人员的劳动也是创造价值的劳动。社会资本生产的产品是对资本生产起作用的环境因素，在资本生产中也像不变资本一样会发生价值转移。它的产出一部分形成国家税收，另一部分成为只有价值，没有价格的社会共享产品。

这其中又涉及一个新的较为重大的理论问题，即税收的价值来源问题。《信用价值论》通过社会资本生产理论论证，税收的主体部分，不是对资本利润的分割，而是来自社会资本生产所生产的劳动价值。

什么叫资本条件下的非资本价值生产？非资本价值生产就是在资本条件下的非商品的劳动产品的生产，即有价值但却没有价格表现的，为社会成员所共享的劳动产品。这种产品即使参与资本生产过程，其价值在资本生产过程中也会发生价值转移，但是在所形成的新商品中，这一部分由非资本品转移来的劳动价值，虽然是包含在新商品的价值中，却不会通过价格表现出来。也就是说，非资本品在所参与生产出来的新产品中，所发生的价值转移并不参与价格形成。这就使得当代资本生产的商品，由于其内部也包含有各种不同比例的非资本品在参与生产过程中所发生的价值转移来的价值，但由于它不是生产成本的构成因素，因此并不反映到价格中，这就使得商品的内涵价值往往大于价格，甚至是远远高于其价格。

也有独立的非商品生产，这种生产的产品只有价值，没有价格，其产品通常为社会所共享。也就是消费者不用付钱购买，就可以各取所需地消费这种非资本价值生产品。由于在资本主义发达国家中非资本价值生产的普遍存在，当代社会商品的价格小于其内含的价值是十分普遍的现象。社会也大量地存在着不需要购买的共享产品。人们生活在其中的这个社会，不管是花钱购买的商品，还是不花钱购买的共享产品，都包含有大量的非资本价值生产所创造的价值在其中。

这一理论发现有着十分重要的理论意义与现实意义：

①它彻底从根基上颠覆了西方宏观经济学。因为，西方宏观经济学是建立在价格基础上，只考察价格生产，GDP 也只是商品价格的集合，而对社会生产中客观存在的大量的价值生产与非价格表现的价值就必然看不到，这就是为何西方宏观经济学无法解释现实的根本原因。

②商品价值与价格不相等一度成为质疑劳动价值论存在的有力依据，也一度成为劳动价值论中一直未能解决的世纪性理论难题。通过非资本价值生产理论使得这一世纪性理论难题获得解决。同时也修正了马克思价值规律中的社会总价值与社会总价格相等的定理，这一定理只能适用于以私人资本生产方式为主的早期的自由资本主义时期。

有人问到，西方经济学中有对社会公共产品的描述，是不是就是指非资本价值生产？社会公共产品只是一个表象。公共产品既不等于都是非资本生产品，更不是非资本价值生产。西方经济学由于没有价值生产理论做基础，不可能懂得非资本价值生产方式以及它的产品表现形式。《信用价值论》中的非资本价值生产是建立在劳动价值论基础上的。

二、《信用价值论》十大理论发现

在严密的理论逻辑推理过程中，《信用价值论》获得了多重理论发现。这里从重要性的角度上列举前十个方面的理论发现：

1. 发现了当代经济已经不再是我们传统经济学中所描述的那个由私人资本生产、自由竞争规律所主导的经济体，而是一个由信用价值生产所主导的经济体。

当代社会已经存在着四大信用价值生产：一是货币信用价值生产；二是虚拟经济信用价值生产；三是印钱消费信用价值生产；四是社会

资本信用价值生产。这四大信用价值生产，都各有各自的运行规律，分布在各个子系统理论中。

资本主义社会生产发展到当代已经经历了两个发展阶段：第一个阶段为由私人资本生产占主导的自由资本主义阶段；第二个阶段为当代由信用价值生产占主导的阶段。在后一个阶段里，社会生产由实体经济实体价值生产与信用价值生产两个经济体所组成，通过自激平衡的"双轮经济"构架，重新调配原有社会生产中投资货币与消费货币的比例。股市是虚拟经济中的主体，依据不同股市所形成的制度机制不同，或均衡投资货币与消费货币的比例，或加大投资货币与消费货币的不平衡，从而实现正向的财富效应或负向的财富效应，严重的加大投资货币与消费货币的不平衡会引发经济危机。

世界资本主义已经进入到了由信用价值生产主导的第二个阶段。在这个阶段里，价值生产的形式与经济运行过程远比第一个阶段更为复杂。马克思《资本论》中对资本生产一般过程的描述，是属于典型的对资本生产的第一个阶段的描述。本《信用价值论》中详尽地描述了第二个阶段，即信用价值生产阶段的生产过程与运行规律。

2. 发现了当代经济在资本主义生产的内部，除了资本生产以外，还有社会资本生产与非资本价值生产。

一般都认为，资本主义就只有资本生产方式，这一普遍深入的传统观念其实是十分错误的。当代世界，即使是在最正统的资本主义国家，如欧盟、美国等国家，除了资本生产方式之外，还有一个社会资本生产方式与非资本价值生产方式包含在其中。也就是说，当代资本主义社会，实际上是存在四大生产方式：一是私人资本生产方式，二是国有资本生产方式，三是社会资本生产方式，四是资本条件下的非资本价值生产方式。这四大生产方式共处于一体，但经济理论学界却长期不知，没有发现！ 其主要原因是因为西方宏观经济学从李嘉图理论的继承者就开始放弃了劳动价值论，将宏观经济学建立在价格基础上。

由于四大生产方式共处于一体，同时进行生产，在社会产品中，就必然同时包含有商品的与非商品的价值。即使是同一商品中，其包含的价值有表现于价格的，有不表现于价格的；这就使得社会生产过程与它的产品构成复杂得多，而西方经济学只从表面现象上描述资本商品生产的这一部分，因此，必然就片面化。

3. 发现了社会主义已经在发达资本主义国家的内部孕育产生，我们正处于社会大变革的前夜。

当代社会四大生产方式共处于一体，除了资本生产方式之外，其他的国有资本生产方式、社会资本生产方式、资本条件下的非资本价值生产方式，这三大生产方式都属于社会主义的生产方式。资本生产方式有两个发展阶段，第一个阶段为由私人资本占主导的自由资本主义阶段，第二个阶段为信用价值生产为主导的垄断金融资本主义阶段。当代社会，资本生产方式也已经由第一个阶段进入第二个阶段了。而在资本生产的信用价值生产这一部分中，即体现社会资本信用价值生产的国家信用与政府信用，是属于社会生产的公共资源，这其中也是属于社会主义因素。这就是说，即使是资本生产方式本身，也不再像自由资本主义的第一个阶段那样，由纯私人资本占主导，在资本生产发展到了第二个阶段时，资本生产自身中也包含有社会主义因素在其中。

社会主义生产方式以及包含有社会主义因素的生产方式已经如此多方面存在这一客观事实，说明了传统的观念与理论都已经过时了。

社会主义不仅仅是在中国，而且在最发达的欧美资本主义国家内部，也已经产生了萌芽。目前，发达资本主义国家中所发生的资本过剩与欧债危机中各国所发生的生产萎缩，本质是资本的消亡。急需要用不以利润为目标的国有资本生产方式、社会资本生产方式、非资本价值生产方式来解救，我们正处在世界社会大变革的前夜。但是，是传统的理论与观念在阻碍着人们的认识与社会的发展。

4.发现了"中国奇迹"的根本原因,并不是由于采用了资本生产方式，而是因为在资本生产方式的基础上同时采用了社会主义的生产方式。

以资本生产方式为基础的生产方式的国家很多，在大国中，在国际垄断金融环境这一对发展中大国家来说发展条件充满陷阱的条件下，为什么只有中国才产生了30年高速发展的奇迹？传统的西方经济学由于没有价值生产理论，不可能看到社会资本价值生产与资本条件下的非资本价值生产这两大社会主义的生产方式的存在，并在我国过去30年的经济发展中发挥的巨大作用，仅用比较优势理论来解释"中国奇迹"存在着理论逻辑上的矛盾。政府扶持优势产业的行为本身就是一种社会资本生产。当然，仅仅是扶持优势产业的政府行为并不足以冲破国际资本的产业垄断与垄断金融，中国政府在过去的这30年中，在发挥资本生产积极性的同时，更主要的是组织了强大的国有资本生产与社会资本生产。这才是"中国奇迹"的主要原因。

这一理论发现有着十分重要的现实意义。因为它既标示着世界各国社会经济的发展方向，也标示着中国改革的方向。依据西方经济学理论，不仅欧美国家所发生的生产萎缩无解，中国也要尽力革掉国企与政府在经济中的作用。而"中国奇迹"真正原因的发现，揭示了以下两个基本事实：

一是真正由客观产生的社会主义所有制形式，并不是传统观念中的单纯由国有企业与集体所有制企业这种生产资料公有制形式，而是也包括了更复杂的社会资本与资本生产中的信用价值这种公共资源的所有制形式在其中。而社会主义的生产方式，也并不是纯粹的只有社会资本等公有制形式的生产，必然包含有私人资本生产在其中，并且仍然是作为社会最基础的生产方式而存在，起到激发劳动者积极性、提高劳动生产率的基础作用。

二是说明中国对四大生产方式共处于一体的同时运用，具有生产体制上的优越性。当前的欧债危机，欧美国家发生的生产萎缩，也只有学习中国同时采用四种生产方式并举，才能走出危机步入经济可持续发展的轨道。四大生产方式并举，必将成为世界各国经济发展的方向、中国经济发展模式才是世界各国效法的榜样。

5. 发现了国家税收原来并不是对资本利润的分割，而是来自社会资本生产的价值转移。

由政府职能所体现的社会资本生产的产品是什么？是资本生产得以顺利进行的环境与条件，这种环境与条件也是资本生产的要素之一（这个要素过去被忽视）。与资本生产中的不变资本一样，环境价值在生产过程中也会发生价值转移，从而附加到资本生产的新商品中去。国家税收本质是这些资本生产环境价值转移的结果，是社会资本生产的价值，而不是对资本利润的分割。此理论发现，为正确地设置国家税收、利用税收来调节对资本利润的分配、调节生产周期与经济周期，提供了基础理论依据。特别是对房地产、城市拆迁、网络公司这种对环境价值有巨大依赖关系的行业，以及当前正在进行的农村土地政策方面的改革提供了全新的税收基础理论依据。

6. 发现了社会总经济过程为三个层次的生产循环构成，国家的宏观调控可依据这三个层次的生产循环进行才有可能使经济可持续高速发展。

当代社会总经济过程包含三个不同的层次循环过程：

第一个层次循环为实体经济实体价值生产的循环。这个层次的生产循环就是人们通常所看到的这个实体经济的生产循环。传统的经济学理论也仅止于对这个生产循环的描述。其中马克思在《资本论》中有对这一个层次价值生产过程最为详尽的描述。这个层次的循环是社会生产中最基础的循环，决定着生产率的发展水平与经济产出效益。

第二个层次循环为实体经济实体价值生产与虚拟经济信用价值生产之间的循环，这个循环使当代经济形成"双轮经济"构架。这是一个由基础的核心层级的经济体与寄生在其外层的虚拟经济体，通过重新调配投资货币与消费货币的配比这种信用价值生产的方式所进行的价值生产循环。在这个循环中，存在着一个由正向反馈所形成的自激关系。在产能过剩、资本过剩的当代，有化解产能过剩、资本过剩的功能；不正确的做法，也有可能扩大产能过剩、资本过剩，从而引发经济危机。只有掌握规律正确地运用，才有可能成为经济增长的重要手段。

第三个层次循环是将第一、第二个生产循环看作是一个资本生产循环的整体，与社会资本生产之间的循环。是资本生产最外层的循环。其生产方式主要通过生产资本生产的环境条件，从而实现参与资本价值生产过程，通过国家税收收回转移来的价值，再通过财政分配实现价值循环。

三个层次循环理论为国家宏观调控分三个层级提供了理论依据。

7. 发现了国债货币的新功能，为国债货币的发行与运用提供了基础理论依据。

国债分两种，投资性国债与消费性国债。投资性国债是属于普通的信贷产品；消费性国债由国债货币来承担。国债货币承担着货币储藏功能。当投资货币过剩时，货币退出投资领域进行货币储藏时，就通过购买国债货币来实现。因此，国债货币量等于货币需要储藏的量。国债货币与基础货币同样可直接创造货币发行价值。

8. 发现了与生产"分工"相反的，与"分工"生产对立的"聚合"生产的新生产方式，此是社会主义共享生产的基础。

自从亚当·斯密在《国富论》中第一次提出了劳动分工理论以来，劳动分工对提高劳动生产率和增进国民财富发挥了巨大的作用，同时劳动分工理论也就成为资本主义经济学的理论基础与理论逻辑的起点。但是，随着社会生产率的高度发展与科学技术的广泛深入发展，生产分工并不是社会生产率提高的唯一途径，社会的"聚合"与"聚集"生产也已经成为社会生产率提高得越来越重要的另一途径，并在当代社会生产中发挥着越来越重要的作用。

什么叫"聚合"与"聚集"生产？我们先来考察劳动分工：劳动分工是同一个产品在生产过程中分解为多道工序，由不同的劳动者在时间上与空间上不同劳动组合，最后形成同一个设计中的产品。"聚合"与"聚集"生产则相反，各个在时间上与空间上不同的劳动产品（指在形态上独立的，可提供消费的产品），当集合在一起时，会发生"聚合"反应（就像各种不同物质的组合聚合在一起，在一定的条件下会发生化学反应一样），产生全新的另一种社会产品，或者发生"聚集"反应，在原有的产品增加了由环境价值中转移来的新价值。

生产中的"聚合"反应典型的例子有：单有快速运输、互联网、电脑手机等这些单独的社会产品与这些产品相应的消费群体，并不能形成网上电子商城，原来的瀛海威、8848所办的网上电子商城失败就是此因；当阿里巴巴同时解决了电子信用支付（支付宝）时，众多单独的商品（快递、互联网、手机等）聚合在一起，"聚合"反应发生了，一种前所未有的社会新产品与新的生产力产生了——这就是网上电子商城。

生产中的"聚集"反应典型的例子有：在房地产行业中，你购进了一块土地，你建了一幢楼，你购进了一套商品房子时，这个时候的价值是一定的；但由于新修了路、修了地铁站、公园等，或者建了一个好学校，这个时候这块土地、这幢楼、这套商品房的价值就会发生增值，这种价值升值从那里来？就是来自社会生产中的"聚集"反应。

社会生产中的"聚合"与"聚集"反应，是社会资本价值生产的主要形式，也是社会主义生产的理论基础。同时也是未来社会财富涌流的另一更重要的源泉。政府在社会生产中的作用不仅不能削弱，反而应该加强。

9. 发现了商品中价值大于价格的秘密，同时也证明了社会总消费的价值远远大于 GDP 总量。

由于社会资本生产的同时也包含非资本的价值生产在其中，非资本价值生产的产品只有价值没有价格，在作为资本的生产要素之一参与资本生产过程中不是成本构成，因而不形成商品的价格，但却仍是商品的劳动价值构成。由此不仅使得每一件单独的商品，其内含的劳动价值高于其价格，同时社会总消费品的价值也必然大于总价格。而GDP值是由社会产品的总价格量构成的，因此，由 GDP 值所反映的社会生产总量与消费总量，并不能准确反映社会价值生产的水平与真实的价值消费总量。由于各个国家中的非资本价值生产水平不同，商品中的非价格的价值含量也不相同，因此，用 GDP 值来衡量各国真实的生产水平与国民的生活消费水平，存在较大的误差。更主要的是，由于 GDP 增长值是各国政府政绩的追求目标，这就无形中阻碍了非资本价值生产与社会资本生产的充分发展。这也就是说，现有的西方经济学理论已经在阻碍着适应社会生产率发展的新生产方式的产生与发展，阻碍着社会主义的产生。

10. 发现了货币赋值原理，从而创立了全新的汇率理论。

商品在交换中定价同时也给货币赋值，这不仅仅是对货币的票面价格赋值，同时也对货币的内含价值赋值。由于竞争条件下与垄断条件下所形成的商品价格的不同，必然就发生商品的价格与价值的不同。各国的货币面值往往反映的是该国商品竞争与垄断综合的状况下的价格，但对价值的赋值则不受商品竞争与垄断状况的影响，而是取决于劳动生产率水平与劳动力价格的比值。在这种货币赋值原理的基础上建立起来的汇率理论，通过三层构架，四维汇率变化空间，使十分复杂的汇率表面，能反映出一国劳动生产率变化、劳动者工资变化与货币面值与币值变化的关系。货币汇率决定虽然是深深地隐藏在三层地下，也从此得到了说明。此理论为推动人民币成为世界货币提供了坚实的理论支持。

三、《信用价值论》核心理论框架与理论逻辑关系图

信用价值论是建立在劳动价值论基础上的，在首先解决了劳动价值论所存在的基础理论问题与批判西方经济学理论方法、继承马克思经济学的抽象本质分析方法问题后，以货币作为理论体系的逻辑起点，沿着价值生产过程与经济运行过程展开论述。下面为这一理论体系的

框架结构逻辑关系图。虽然本图对每一个子系统中的理论逻辑关系与内容无法反映，但在反映社会总生产过程中的逻辑构造方面相对直观。

《信用价值论》核心理论框架结构图：

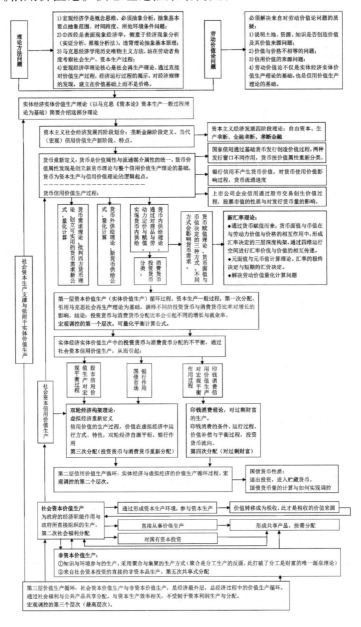

对该图的几点说明：

1. 总理论结构框架图中可清晰地反映社会总经济过程为三个层次的生产循环，四大信用价值生产，被包含在这三个层的总生产循环中。实体经济实体价值生产中包含货币信用价值生产与社会资本信用价值生产；双轮经济循环中包含货币、虚拟经济、印钱消费、社会资本等所有的四大信用价值生产在其中。

在经济总过程的三个层次循环中，只有第一个层级的循环有独立的生产过程；第二个层级的生产循环是通过信用价值生产方式，重新调配投资货币与消费货币的比率，作用于第一个层级的生产循环而实现的；第三个层级的生产循环，是通过生产资本生产的环境条件，从而在资本生产过程中实现附加环境价值的生产。由此可见，第一个层级的资本生产是基础，其劳动生产率也决定第二个层级、第三个层级价值生产的生产效率。非资本生产没有独立生产循环。分二种情况：① 资本条件下的非资本价值生产是通过聚合（集聚）反应的形式附着在资本生产中；②独立的非资本价值生产由社会资本投资实现，属社会资本生产的产品。

2. 三个层级的生产循环，也决定了有三个层级的宏观调控手段，代表着三种不同的宏观调控水平。西方经济学理论范围只论及到第一个层级，因此，以西方经济学为指导的宏观调控，仅处于第一个层级的宏观调控水平。美国对量化宽松政策的运用与股市财富效应理论的运用，目前仅停留在经验级的水平，没有上升到基础的价值生产理论层次，所以，虽然这两种应用属于第二个层级的宏观调控范围，但由于西方经济学没有价值理论的局限，至今仍只是处于经验级的水平。我国的政府主导经济发展，是属于经济总过程中社会资本生产的第三层级范围，但也处于只有对过去经验的沿用，没有上升到理论认识。

3. 各个层级内部的价值生产循环过程与运行规律，在本图中无法反映。其中包含有如下可供实用的宏观调控的量化计算的公式：

①第一个层级的宏观调控可量化计算公式：社会再生产均衡方程式，该方程式是宏观调控总量平衡中最重要的一个方程式，通过它可实现两大部类精确的计量平衡。通过它可使行业产能过剩获得事先控制。

②货币需求、货币外供给可量化计算公式：该公式可实现对货币M_2的需求计算与预测，使央行的货币调控精确化。

③股市中股票与资金平衡公式：可用于对股市资金需求的计算，指导对股市的精确调控。

④关于国债货币需要量的计算与新汇率理论中的量化计算理论，在该著中提供了计量原则与方法。

四、《信用价值论》是最好的增长与发展理论

价格是价值的表象，西方宏观经济学通过实证的方法用价格所构成的总量数据，考察其投入与产出关系，所获得的只能是经验性的理论。这种理论将宏观经济的价值生产过程与运行过程当作"黑箱"而忽略，而经济的运行规律与增长规律恰恰就隐藏在这个被忽略的"黑箱"中。

《信用价值论》全方位揭示当代社会价值生产过程与经济运行规律，由此才获得对宏观经济运行中所碰到的发展瓶颈与各种经济问题具有洞若观火的能力，所给出的解决方案，恰恰是西方经济学的理论盲区。

例如，对全球普遍性产能过剩的问题，西方经济学中的三驾马车理论就失灵了，危机的唯一解救方法只有去产能化，但是在《信用价值论》

中，对相对的产能过剩，还有信用价值生产手段与社会资本生产手段来化解。

《信用价值论》的理论证明，一方面，单一商品的内含价值往往大于其价格，另一方面，当代社会实际上还有大量的有劳动价值却没有价格的非商品消费。这就是说，虽然市场竞争仍是提高生产效益、推动生产率发展的基础性因素，但市场已经失去了配置资源的唯一手段。因为，生产的目的是提高消费，市场只能决定有价格的消费品的生产，却不能决定有价值却没有价格的消费品生产。而我国由于原有的社会主义计划经济遗留下来的基础上，仍残存有部分的只有价值却没有价格的消费品生产，而且正是因为有这部分生产被保留，所以才有中国奇迹的发生。如果过分强调市场决定，就会自废武功。

西方经济学是事后总结经验性的学问，不仅缺乏普适性，而且也无法解决自身的经济问题。如果照搬西方经济学，我国经济增长也必然会快速下滑，最后同样会步入不可挽救的经济危机循环圈与经济衰退。产能过剩、资本过剩，其本质是资本死亡。像现在欧债危机中的各国，生产萎缩、经济衰退问题愈发严重就是其例。

市场经济是资本追求利润的生产，现在的问题正是因为私人资本因普遍缺乏利润而退出生产，怎可能用市场经济理论去解决它？但是，此类问题用《信用价值论》理论则可获得解决。因为《信用价值论》中不仅有超出西方经济学理论视界的四大信用价值生产理论可针对欧债危机的实际情况，提出货币信用价值生产与国债货币信用价值生产解决方案、印钱消费解决方案，来解决其债务问题，还可用四种生产方式并举的理论，对因资本缺乏利润而引起的生产萎缩，采用不追求利润的社会资本生产方式与非资本价值生产方式来解决。在我国被妖魔化的国有资本生产方式，也是一种不完全以利润为目标的生产方式，在对抗欧洲的经济衰退与生产萎缩中，如果能启用也不失于一种好手段。欧盟各国要想步入经济增长的轨道，最终都会不得不采用《信用价值论》中所提出的这些生产方式。因为经济发展规律是不可抗拒的。

我国当前的国际经济环境和本国已有的经济条件，照搬西方经济理论，显然是教条主义的刻舟求剑。例如在股市方面，我国股市并没有像欧美国家的股市那样经过200多年来的市场锤炼而形成的上市公司企业信用与信托责任，股市制度设置侧重于圈钱而失职于对二级市场投资者的保护，不懂得在产能过剩、投资货币过剩的阶段里，股市有想获得正向的信用价值生产，需要的是均衡投资货币与消费货币的比例，而不是加大这种不平衡，制造更大的两极分化。由于照搬西方的理论，而不懂得其内在的虚拟经济信用价值生产规律，股市实际运行机制所产生的效果往往与原定目标相距甚远，对经济增长也往往起到降低与抵消的作用。

《信用价值论》理论揭示，股市有两个发展阶段，在第一阶段的集资阶段，主要是针对工业化大生产中的资本金不足的情况，当进入产能过剩、资本过剩的第二阶段时，股市主要是通过重新调配投资货币与消费货币的比例平衡来提高企业生产的宏观效益，化解产能过剩，而不是像第一阶段的通过密集的发行集资，制造更大的产能过剩与投资货币与消费货币的更大不平衡。股市的持续下跌、大起大落当然一定会产生负向的财富效应，但即使是持续的上涨，也并不一定就产生正向的财富效应。因为如果这种上涨是反而加大投资货币与消费货币的不平衡，也就是中小股民亏损，财富向少数人手中集中，即使是股市上涨，也仍然会产生负向的财富效应。众多学者实证研究结论的我国股市从来就没有产生过正向的财富效应就证明了这一点。

欧美国家虽然在股市的信用价值生产作用方面比中国来说好得多，但由于理论盲区，在国有资本生产方式与社会资本生产方面比较中国来说就差得多。中国过去做得比西方国家好些，也不是由于有这方面的理论，而是原来计划经济时期传统下来的国有资本生产与由政府主导经济的发展经验，因此在运用四大生产方式并举的方面西方国家都比不上。但是，在《信用价值论》产生以前，从来也没有人认识到信用价值生产、社会资本生产与非资本价值生产方式对解救当代危机的极端重要性，即使是用到其中的一些手段，也都是不自觉的、经验性的，更谈不上能动地运用规律的程度。

但是，当代世界经济，主要经济体都已进入了全面的产能过剩，甚至经济已开始发生萎缩的阶段，在这一阶段中，继续仅用第一个层级的，或者是经验级别的宏观调控，显然是不能解决增长与发展问题的。对经济规律的运用与将宏观调控水平提高到第二个层级与第三个层级上来，才会产生全新的发展空间。这不仅是我国，包括世界各国在内，经济才能使重新进入可持续增长的轨道。而至今为止，只有《信用价值论》的理论，才能指导这三种级别的宏观调控。

如何用《信用价值论》理论指导宏观调控，实现高增长再造30年

近年来，我国经济增长一直处于下滑中，大有进入欧美国家低增长的趋势。国内各专家学者不仅缺乏良策改变这种状况，相反异口同声地用西方经济学理论与欧美国家的发展经验来论证这种状况的必然。欧美国家从20世纪70年代发生滞胀危机以来，增长率最高也未超过4%。而起到这种增长作用的主要因素是因为采用了货币与股市方面的

信用价值生产，但由于信用价值生产方式是西方经济学的理论盲区，他们看不到这种生产的作用，因此错误地归功于供给侧改革。

但是，中国的经济体制与欧美国家有着巨大的不同。例如，中国的股市由于制度机制不对，无法像美国股市那样提供经济效益内增长的动力，目前的状况无法从股市获得正向的信用价值生产。中国的货币还没有成为国际货币，无法像美元那样获得国际货币发行价值与印钱消费而来的价值。所以，沿着西方经济学的思路进行改革与宏观调控，有些牛头不对马嘴，并且必然会像西方经济一样，陷入低增长与危机的区间徘徊。西方经济学连自身的欧债危机与当前正在发生的经济萎缩问题都解决不了，何能解决中国的经济增长问题？

因此，当前的经济下滑并不是客观必然的，是适用的指导理论有错误。经济的视角不同，用以观察经济的方法不同，所看到的经济运行的状况是完全不同的。如果依据中国创新的《信用价值论》理论来观察中国经济，中国经济增长仍有着巨大的潜力与空间。

《信用价值论》理论告诉我们，宏观经济运行客观上有三个层次，因而也就可以从三个层级上进行宏观调控。西方宏观经济学只能看到第一个层次，因此我们依据西方宏观经济学的理论指导所做的宏观调控，都是基于第一个层次的宏观调控。例如供给侧管理与需求侧管理、科技创新与产业升级等等。虽然第一个层级的宏观调控是必要的、基础性的，但却是低层级的。仅有这一个层级的宏观调控，即使达到了很高的水平，在当代经济进入全面产能过剩、资本过剩阶段后，也会从此进入低增长与危机交互的空间中循环。必须依据《信用价值论》理论，从三个层级上进行宏观调控，才可能充分发挥我国经济发展的内在潜力与社会主义生产方式上的制度优势，获得再造 30 年的高速增长是不成问题的。

第一层级的宏观调控手段与实现提高效率的目标

第一个层级的宏观调控是建立在实体经济循环基础上的宏观调控，包括了投入产出、初次分配、总供需平衡、产业结构调整与转型、科技创新与提高劳动生产率水平等。在这个层级上，由于私人资本生产对利润的追求，通过市场竞争与科技创新，从而获得生产率水平的不断提高，此仍然是社会生产力发展的不可或缺的基础。因此，这个层级的宏观调控侧重在发展私人资本生产，保持市场竞争活力，提高科技水平与推动技术进步。目前管理层正在进行的这些方面的宏观调控是十分正确的，也会产生好效果。

但是，中国有一个与西方国家不同的地方是总量达 2.74 亿人的 农民工的存在，其中有养老保险的只占 16.7%，最少有一半人仍处于低工资区。没有养老，没有住房，没有医疗保险，农村、城市两头不着根，所牵涉的人口有 4 亿左右。由此说明，其中有些产能过剩（例如房地产，以及所牵涉的行业）是由于存在一个较大数量的低收入农民工群体所引起的，是存在着一个较大群体的人的消费需求未能得到满足的基础上的，去产能化的供给侧改革，会使得这些人口的经济状况下降，隐性失业也会增加。所以，需求管理仍是不可缺少的，还有大量的课要补。由此也说明，第一个层级的宏观调控有极大的局限性，存在着无论怎么调控也调控不到的死角。

目前我国不管是生产装备技术水平还是劳动生产率水平、国民收入与社会贫富差距、教育与科技发展等方面，都与发达国家有一定的差距，我国的东部与西部也有巨大的差距。要拉平差距，达到与欧美国家同等的水平，这其中还有较大发展空间。这种生产率水平与生活水平二者在差距上的拉平，最少可使我国在较长时间里获得 2% 左右的年增长率。另外，发达国家历史经验证明，从长期来看科技进步对经济增长的贡献约占 1%。这就是说我国如果搞好了第一个层级的宏观调控，从长期来说最少平均可获得 3% 的年增长率。

在实体经济再生产平衡中，《信用价值论》第十章中，依据马克思再生产理论，通过模拟宏观经济运行过程中的多种平衡方案，提供了一个可量化计算的社会再生产平衡公式，以实现总供需与各部类之间的再生产平衡。如果依据该公式，通过两大部类在有机构成不断提高的基础上实现平衡分配，社会再生产中的年增长率（通过模拟计算）是可稳定在 10% — 15% 区间的。但实际上，在资本生产中的劳资分配是无法达到该计量模型中的平衡的。国企中劳资分配矛盾比较好解决，民企中的劳资分配比率是不受宏观调控的。因此，劳资分配上的矛盾必须通过第二层级与第三层级中的对投资货币与消费货币的分配比率再平衡手段来解决。这就是说，如果在第一个层级的宏观调控上就能实现该模型中的再生产平衡，在第一个层级的宏观调控上就能实现 10% — 15% 的年增长率。经济历史证明，只有在短缺经济时代可以达到这种平衡；当发展到了一定的阶段上，也可通过运用凯恩斯主义的通过政府干涉增加投资从而增加需求的手段，在一定的区段内实现偏重投资的平衡。但当进入全面产能过剩、资本过剩的阶段，这种平衡在私人资本生产的范围内就无论如何也做不到了。

所以，在进入全面产能过剩、资本过剩的阶段后，仅用私人资本生产的手段，依据第一个层级的宏观调控，发达国家可依靠技术进步获得 1% 左右的年增长率[4]，我国依靠技术进步与拉平差距，在正确的宏观调控条件下，可获得 3% 左右的稳定年增长率。要想获得 10% 之上的理论年增长率，就必须运用第二层级与第三层级的宏观调控，通过投资货币与消费货币在实体经济第一次分配之外的再平衡才可以达到。

社会再生产平衡理论，在宏观调控中是十分重要的，而且可实用的理论，高水平的宏观调控是应该掌握的。详细可参考《信用价值论》第十章"实体价值生产均衡过程"。

第二层级的宏观调控手段与可实现的增长目标

第二个层级的宏观调控主要是运用信用价值生产手段对实体经济的价值生产进行调控。处于第二层级的信用价值生产的具体方式包括货币与国债货币信用价值生产、虚拟经济信用价值生产、"印钱消费"中的信用价值生产。这四个部分的信用价值生产目前都是我国的缺项，在全面产能过剩阶段与资本过剩阶段后，尤其需要发挥这四大信用价值生产的作用。下面分别论述：

①货币信用价值生产方面。正确的货币发行方式是可获得基础货币量的货币发行价值的。此是一种在实体经济生产之外的额外价值。此部分货币发行价值最好用于补充劳资一次分配中对消费货币分配的不足，增加社会的总需求。

目前，基础货币量约 30 万亿人民币，每年增量约 12%，由外汇占有基础货币发行价值约 21.6 万亿人民币。外汇占用货币发行价值是一种最不好的货币发行方式，因为货币的发行价值送给了别人。改变此的建议：央行只存留 1/3，用于作汇率稳定与调节工具，将外汇 2/3 划归财政部，由财政部已有的国债作抵押（即将部分地方债标准化后，通过某种统一的口径转为国债）。另还有约 9 万亿非外汇占款的人民币发行价值（笔者估计目前央行可能是采用再贷款的窗口发行了这部分货币，如果是如此的话，就没有获得这部分的货币发行价值），以及每年 12% 左右的增量人民币的基础货币发行价值，此两个部分应该采用获得货币发行价值的方式发行 [5]，所获得的货币发行价值支用到提高全民社保水平等方面，继续补充社会总消费的不足。央行切不可以采用再贷款的方式发行基础货币，此必将增加社会产能过剩的严重程度。关于此原理在《信用价值论》第五章中有专门的论述。

通过基础货币发行方式的转换，短期不仅可获得 15 万亿人民币国债用于解决地方不良债权问题，为下一步新标准化的投资性国债发行扫清障碍，同时还可获得约 9 万亿人民币基础货币发行价值，以及每年 12% 左右增量的基础货币发行价值（目前这个值在 3.6 万亿人民币），仅此目前就可获得约 12.6 万亿人民币货币发行价值，用这笔钱解决全民医疗、全民社保，以及社会公共福利，不仅国民生活水平可提高一个级别，部分产能过剩问题也获得化解。

在中长期中，除 12% 左右的基础货币发行价值增量外（由于本方案可实现 GDP 增长稳定在 10% 以上，故而基础货币也有相应的增量），还有一笔可获得的发行价值是国债货币的发行增量（目前我国还未有国债货币的发行，有关国债货币定义、发行方式、发行量，请参看《信用价值论》第 21 章）、人民币国际化中获得的货币发行价值量，三者合计，保守估计应占 GDP 总量的 8% 以上。如果这个量的人民币能全部用于国民公共福利开支，增加社会总消费量，第一次分配中的投资货币与消费货币的不平衡状况就可获得较大改善。由此在今后 30 年中，估计每年最少可为 GDP 贡献 2% 的增长率。同时，化解了产能过剩，为新的基础建设投资与社会资本生产扩展了新的空间。

②虚拟经济信用价值生产方面。股市是虚拟经济的主体。西方经济学中关于股市只有经验性的财富效应理论，此理论并没有解决股市是

如何从事价值生产的问题。我国照搬这种股市，由于并不懂得股市的内在运行机制，不懂得股市怎样才会从事正向的信用价值生产，因而，股市的基础制度设置不对，其制度机制不对，因此，近些年来，我国股市不仅没有对 GDP 增长做贡献，相反一直在起到拉低 GDP 增长、抵消 GDP 增长的作用。

股市如何才能从事正向的信用价值生产？股市有两个发展阶段：集资性的股市阶段与信用价值生产的阶段。在资本短缺的阶段，通过股市的新发、增发股票，可解决实体经济的资本金不足问题，新发与增发股票，对经济增长有推进作用。当经济已进入全面的产能过剩与投资货币过剩阶段，在这个阶段上经济的增长不再是靠外延扩张，而应靠企业的兼并重组与内部效益的增长，此时如果继续以前的那种新发与增发股票，不仅不能促进经济增长，反而会加剧产能过剩的程度。我国在 2013 年期间所发生的太阳能产业的严重过剩，就是典型的由股市大发股票所人为制造出来的产能过剩。但是我国股市制度机制并不会因为产能过剩，相关企业效益不好就停止新发与增发股票，企业打挤破头也要上市是因为上市发行方、审批方与中介机构各方面都可以实现一夜暴富，所以在股市要支持实体经济、支持 GDP 增长的口号下，实际上一方面通过增量投资制造出了更大的绝对产能过剩，另一方面，通过股市的圈钱绝大多数中小股民亏损，少数人一夜暴富，使得总消费需求更加减少，制造出相对产能过剩。这种状况会引起企业效益的进一步恶化，引起实体经济与虚拟经济之间的自激，如果没有控制，这种自激就会引起经济危机。

我国股市与欧美股市同样，都已进入了第二个发展阶段。与我国股市制度机制不同的是，欧美国家的股市经过长达 200 来年的市场强制分红的选择（早期只有能持续分红的股票才能上市），上市公司具有较强的信托责任，政府对股市的严刑峻法与监管，使得股市在产能过剩阶段，通过制度机制就能控制股票的新发与增发，保证股市主要通过效益增长来促使实体经济的效益增长。股民投资股市主要通过股票分红获得收益，中小股民收益增加，促进总消费需求增加，上市公司业绩增加，股市的市值再增加。这是一种实体经济与虚拟经济正向的自激，是通过实体经济中消费货币的增加所导致的消费需求增加，从而实现正向的信用价值生产。

但是我国情况，公司上市与增发，并不是由于总需求增加所导致企业效益扩张的需要，而由于股市套现一夜暴富的动机，地方政府也有 GDP 业绩的需要等，在多种圈钱的动机中，唯独没有产能过剩对新发与增发股票的抑制机制。因此，股市的发行属于企业外延投资扩展，不仅加剧产能过剩，而因发行所引起的财富向少数人手中集中，对多数的中小股民的掠夺，会进一步消费货币的配比，导致社会总消费需求的减少，与股市下跌所造成的效果同样，会进一步加剧产能过剩。有研究表明，2009 年至 2013 年期间，因股市的不适当发行所造成的负价值生产，抵消了国债投资对 GDP 增量贡献在 4% — 6% 的区间。所以，同样形似的股市，其制度机制不同，所产生的对 GDP 增长的贡献是完全不同的。错误的股市形形色色，只有能重新调配投资货币与消费货币分配比率，具有将过剩的投资货币转化消费货币制度机制的股市，才能产生正向的财富效应[6]。

必须下决心，用《信用价值论》中的"双轮经济"构架理论为指导，通过彻底的改革，建立一个具有充分的上市公司信用与证券监管信用的、适应全面产能过剩、投资货币过剩条件下的、主要通过上市公司效益增长，而不是通过外延扩展投资，从而实现正向的信用价值生产的股市（指有中小股民参与的主板市场），这样的股市才能产生正向的财富效应。经济的由外延扩张投资向内生的效益增长转型，依赖于股市的这种转型。只有如此才能使经济产生内生的增长动力。

如果股市能通过彻底的改革，实现股市这种制度机制的转型。依据美国股市 30 多年来财富效应的经验，仅股市每年就可为 GDP 提供 2% 左右的增长，最少不像近些年来对 GDP 增长的副作用。

如何建立一个能从事正向信用价值生产的股市对已经进入全面产能过剩的我国来说，实在是太重要了，是关系到我国经济在未来的 30 年中是否能平稳运行的最关键因素。也是关系到我国能不能完成效益性经济转型，实现 10% 以上高速增长的关键性因素。因为与其他多项经济增长因素相比，它搞得不好会抵消其他因素的经济增长，甚至会引发经济危机。《信用价值论》中对股市这种信用价值生产过程与运行规律进行了十分详尽的论述，可为股市基础制度建设提供理论依据。

③ "印钱消费"信用价值生产方面。"印钱消费"是指对那些一方面有过剩积压的商品，或虽然还未成为商品，但涉及大量就业人口的已形成的产能过剩，另一方面由于收入过低，缺乏支付能力但却有强烈需求的人群。此时政府用财政赤字方式，通过成本价收购这些过剩商品，再降价或补贴的形式，支持这些无支付能力却有需求的人群的消费。

进行"印钱消费"必须三个条件同时具备：一是有产能（或商品）过剩；二是有消费需求却因低收入而缺乏支付能力；三是整个社会生产已进入投资货币过剩的时代。这后一条十分重要，人们在转述我的此理论时对此却常常被忽视。在这三者条件都具备的情况下，一方面既化解了过剩产能，使得社会已物化了的劳动价值不被白白地损失，提高了 GDP 产出与社会总消费量；另一方面，虽然资本因为"印钱消费"而收回了成本，产生了与财政赤字量相对应的货币资本，但由于此时社会总的投资货币已经过剩，这部分增加的货币也仍然只能是过剩的投资货币。这里要特别注意过剩的投资货币这个性质，所谓投资货币过剩也就是指资本投向实体经济已经无利润，不会再投向实体经济，只有投向股市，或者购买国债货币。这些货币既不能形成投资购买，又不进入消费购买，因此也不可能对实体经济的物价产生影响。所以，在这里显得特别神奇的是，正确的"印钱消费"所增加的货币量，并不会产生通货膨胀，关键的因素就是投资货币已经过剩，通过"印钱消费"而再增加的货币也仍然是处于过剩状态。如果这部分货币进入股市，参与股市信用价值生产，如果股市是一个能产生正向价值的股市，这时过剩的投资货币反而会转化为一种经济内增长的动力，与"印钱消费"产生乘数效应。有关这一理论原理详细可参考《信用价值论》第五编[7]。

"印钱消费"在美国已有大量的成功实例。在近十年来美国利用中国的低汇率政策对中国"印钱消费"。还有美国在自己国内通过 QE 购买两房次贷债券，从事本国内的"印钱消费"。可见，"印钱消费"已成为一种化解产能过剩危机的有效经验。但由于"印钱消费"在西方经济学中一直未能上升到理论上来认识，因而也就未能进入我国宏观调控的视野。我国目前已发生全面的产能过剩与投资货币过剩，在这种情况下，不应是单纯的去产能，对其中一些基础性的过剩商品，必须启用"印钱消费"手段，否则，"牛奶被倒进密西西比河"事件就会重演，大量社会必需产能，也会随着"去产能"化而被损失，而丧失大好的经济发展潜力。

　　为了形象地理解"印钱消费"，这里设计一个"印钱消费"实例：对当前我国大量房产过剩，可建立一个专用于此的"印钱消费"的财政赤字池子，用赤字来的货币通过某一标准化的招标程序，用成本价收购特定的房产，再降价配给满足一定条件的需要房子的低收入的劳动者，或者是作为廉租房分配给需要房子的低收入者。这些财政赤字来的钱，是不需要这些消费者偿还的，但这些获益者，可以向社会提供一定数量的义务劳动，回馈社会所给予的劳动价值。

　　房地产是"印钱消费"比较理想的标的。我国当前一方面商品房大量的过剩，同时还涉及钢铁、水泥等建材业过剩与大量的建筑工人因过剩而失业。另一方面，还有大量的低收入人群现有住房条件很差，有强烈的改善住房需求。在现有的分配制度条件下，我国最少还有四分之一的人群住房需求得不到满足。我们是社会主义国家，在建筑产能过剩的条件下，有条件比美国做得更好。关键是必须解决对"印钱消费"理论的认识问题。如果我国能尽快掌握"印钱消费"理论，从当前的经济体量上看，1% 的消费增量为 6780 亿元人民币，这对过剩的房地产的体量来说，是个不大的量。如果通过"印钱消费"增加 1% 消费，就可获得 1% 的 GDP 产出增量。在短期由于过剩产能体量大，"印钱消费"量可大些，没有过剩产能的时候，"印钱消费"量自然就小。从长期来说，如果平均每年"印钱消费"0.5% — 1%，就可获得平均这个值的 GDP 增长值。此既化解了过剩产能，同时还提高了就业率。

　　三种信用价值生产手段的小结：

　　当前，我国已开始进入全面产能过剩与投资货币过剩阶段，在这个阶段上，如果不启动信用价值生产的手段，重新调配一次分配后所产生的投资货币与消费货币的不平衡，这种分配不平衡对经济发展来说就会形成一道过不去的坎，这就是为何有些国家会因为贫富差距而进入中等收入陷阱。这种中等收入陷阱不是通过第一个层级的宏观调控手段所能解决的，必须通过信用价值生产手段才能解决。美国在这方面做得较好，但是由于西方宏观经济学没有价值生产理论，所以，仅停留在操作经验的层面上，一直没有上升到理论上来认识。因为各国经济环境差距巨大，照抄照搬经验，不知所以然，所以不仅不顶用，有时还会起反作用。只有掌握《信用价值论》，才能弄清楚四大信用价值的生产内在原理，如果能动地应用这些规律，在今后的 30 年中，三种信用价值生产方法合并计算，每年可为经济发展提供 4% — 5% 的增长。

第三层级的宏观调控手段与可实现目标

社会资本生产是政府组织的或者由政府的职能所产生的一种生产，是体现社会主义性质的一种主要的生产形式，它的内层是资本生产，它的产品形式有三个方面：

一是为资本生产提供环境（例如政府对私人资本企业各种扶持的政策；政府的各种经济管理活动等），使资本企业在一种比较好的环境下从事生产。包括政策环境、社会安全保障环境、交通运输环境、信息传递环境、科教文卫环境、人才保障环境、商品交换环境等等。是一种由政府与事业单位职员劳动创造的，对企业来说是属于环境的产品。这种环境产品同样是政府公务员与事业单位职员辛勤劳动的产品，包含劳动价值，不过其价值不是直接体现，而是在资本生产过程中通过参与资本生产（资本生产是离不开一定经济与社会环境的），它的价值会像不变资本一样转移到新的商品中去，国家再通过税收来收回这部分价值。从这里我们可以看到，国家税收不是资本利润的分割，而是社会资本生产的价值循环。

二是政府信用产品，通过第二层级的信用价值生产来实现价值。例如：股票交易中的制度建设与监管，就产生政府对股市的信用，这种信用高低影响着股市定价。货币信用来自国家，也是属于政府的信用产品，当政府失去信用时，货币也就失去价值。

三是社会资本直接进行的投资，例如对教育、科技、基础设置等进行投资，有商品、半商品、非商品的公益产品等三种产品形式。其中非商品的产品提供社会共享，只有享用价值，没有价格表现，也不能从 GDP 值中反映出来，却也是社会福利提高的一个重要部分。例如，中央电视台的文艺节目、各城市中的免费公园与绿地、安全环境等，都是政府免费提供给社会的共享产品。

国家财政支付是这种社会资本生产投入的价值来源。我国这种投入包括了两个部分：一部分是来自税收，税收的财政支出主要用于资本环境产品的生产；另一部分来自土地收入与投资性国债，这部分主要投向基础设施建设。由于税收部分的收入与开支比较好理解，国债部分则因为在传统经济学中没有社会资本生产理论与国债货币理论，所以这一块的使用争议最大，理论上最混乱。

《信用价值论》将国债分两大类：一类为投资性国债，这类国债特点是可收回投资，主要用于国家的基础设施建设。另一类为国债货币，这类国债支付后通常无法有直接的货币收回，也用不着收回，其原因是国债货币承担货币储藏功能，由过剩的投资货币购买后用作货币储藏。因此，国债货币的存量是属于不用偿还的国债，它会像基础货币发行一样，能创造货币发行价值。像美国的国债就是这一类。

我国目前还没有对国债货币的主动发行（有部分投资性国债因为不

能收回投资而成为被动的国债货币），所发行的国债都是属于投资性国债，具有可收回的特点。很多人将中国的国债量与美国的国债量来做比较，是十分错误的，因为两种国债性质根本不同。我国在过去 30 年经济高速增长主要得益于政府组织了强大的社会资本生产，其中包括对投资性国债的运用。

必须正确地认识国债在基础设施投资上与促进经济发展中的巨大作用。在基础设施上的投资，即使是未能收回投资，也不等于是亏损，它所产生的巨大价值大部分是属于没有价格表现的价值，通过环境价值构成为社会所共享。因此，必须为国债投资设立一种新的指标，来衡量这种非商品的、只有价值没有价格的提供给社会共享的价值，否则，在西方经济学者的口诛笔伐下，对这种具有巨大作用的社会资本生产手段在使用上缩手缩脚。

由于国债投资的主要是基础设施，它的产品消费对象是整个社会，它会提高整个社会的消费价值。正像具体在某一城市的国债投资于城市的基础设施，必然会提高某一城市的房地产价值一样。因此，通过提高出让土地价收回国债投资的做法是正确的。但大部分是为全社会提供共享价值，其中部分可通过国家税收收回，大部分不能收回。因此，国债投资不能完全以能不能收回为是否投资的指标。我们可以考虑从四个方面来设立投资性国债使用指标：

一是社会价值的衡量指标，参考可收回量。整个社会经济发展了，就业率提高了，税基也就大了，社会总福利水平也就提高了。

二是产能衡量指标。一般增量投资应在社会产能承受的范围，而在产能过剩的情况下，如果这个过剩产能对口可投资方向，就应该果断投资。像现在的建筑产能过剩、建筑工人过剩，而国家的基础设施建设可投资的空间仍然十分巨大，此时就应果断地运用国债投资来吸收这些过剩产能，而不是去产能。

三是社会就业指标（包括农民工）。当失业率达到了一定的数值时，在没有其他可用的宏观调控手段时，就应果断增加国债投入。因为失业是对社会生产资源的最大浪费，它不仅减少了社会劳动价值量，同时还减少了消费需求，会引起经济负循环。

四是消费物价指数。只有当失业率小于某个低值，而消费物价指数大于某一值时，才考虑减少或不再增加国债投资。

像当前我国一方面建筑业大量产能过剩，失业率加大，而消费物价指数并不高，另一方面各大中城市拥堵严重、网管、水资源、城市绿化、环境保护都不算太好的情况下，无疑有加大国债对其投资的空间；国民福利的继续提高，也离不开对基础设置建设的升级。而在这些方面，依靠资本的力量是无法解决的，因为资本需要利润，而这恰恰是没有利润的领域。

当代资本生产当然仍然在发挥提高劳动生产率的核心作用，但也应注意到社会生产的许多方面都已超出的资本生产能力的范围。例如，高铁、高速公路网、通信基干网、能源供给网、超高压电网、航空航天、大气水资源环境、能源革命等等，都是必须由政府出面组织，动员全社会的力量才能进行的。

我国正是在社会资本生产方面有着制度上的巨大优势并且有所发挥，才是其他各国羡慕与效法的对象。但同时我们也应知道，这些做法都是对计划经济时由政府主导经济的经验的沿用，并没有上升到理论层次上来认识。也正是因为没有理论上的认识，所以当西方经济学者利用政府存在腐败与效益不高现象攻击政府的作用时，就缺乏抵制力，甚至自废武功。

当然，政府承担着社会资本生产的重任，政府的工作效率关系到社会资本生产价值的效率，关系全体国民的福祉，如何提高政府工作效率、财政经费的使用效率与投资效益，应该将其放到社会资本生产的理论框架下进行研究，不能再被"小政府，大社会"理论所遮蔽。市场配置资源的高效率，只表现在资本生产的这个范围内，当进入全面产能过剩时，市场就会失去了对资源配置的效率，此时就必须发挥政府的作用。

社会资本生产方式的扩张，是资本主义高度发展，使得社会生产力空前发展后的必然趋势。资本生产发展到全面产能过剩并进入资本过剩阶段后，信用价值生产方式与社会资本生产方式才会上升为主要的生产方式。而且，只有社会资本生产，才是对抗生产萎缩、资本消亡的锐器。因此，它必然成为世界各国经济发展的历史趋势，中国应该领导这一趋势。因此应该应用《信用价值论》中的社会资本生产理论来对我们本身的发展经验进行总结，特别要总结我国这些年来国债对基础设施上的投资，从而为资本生产提供全新的更上一层楼的生产环境上的经验，通过国债在基础设施上的投资化解产能过剩的经验。如果能从理论与实践的结合上真正掌握社会资本生产理论，在未来30年中，正常的情况下每年为经济增长贡献3%—4%是不成问题的。只是社会资本对环境的投资效益，并不能直接表现，而是通过企业效益来表现。只有国债对基础设施的投资，可通过增量投资需求来表现。因此，在一些特别需要加大国债投资比例的时候，也会有超过4%的GDP表现。

因为社会资本生产方式将是未来社会的主要生产方式之一，为了这一社会生产的发展扫清观念上的障碍，必须设立能反映社会总价值生产量，而不是总价格生产量（GDP值）的指标。正是因为社会资本生产中的大部分价值没有价格，不表现到GDP中来，社会资本生产的效能与作用被忽略，严重影响到这一生产方式的发挥作用。只有有了社会生产总价值量的新指标后，社会资本生产的效益才能得到直观的表现，国民福利的增长才会得到相对准确的衡量，同时，还必须对社会资本所生产的环境价值进行量的界定，从而在此基础上设立正确的税收政策。过去，由于没有社会资本生产理论，导致大量的属于社会资本生产的价值被相应的极少数的私人资本占有，加大了贫富两极分化与产能过剩。例如，某一区块的房地产因为政府修了路而升值，房地产升值的这部分本来来自社会资本生产（修路）的环境产品的价值转移，应该通过税收返回给全社会分配，而不应为房地产商或者其他获得主体私人占有。现实中不仅来自社会资本生产的大量的环境价值被少数私人或私人资本占有，而且，非资本的聚合与集聚生产中所产生的大量本来应为社会共享的价值，由于缺乏理论依据也大部分为私人或私人资本占有。这是一种因为理论错误而造成的分配错误，加大了贫富两极分化，人为制造了相对产能过剩。依据《信用价值论》理论，通过设置环境价值量化指标，将社会资本生产的环境价值，来自集聚、聚合效应而产生的非资本生产的价值，都按它的相对应值回归给全社会分配。由此，大量的由社会资本生产的价值、非资本生产的价值就不会被私人资本或相关主体所占有，真正公平的分配才能实现，由于分配不平而造成的生产率损失因素才会消除。仅此就可使我国经济增长获得巨大的空间。

当代社会的社会资本生产与资本条件下的非资本价值生产，是建立在"聚集生产"与"聚合生产"这种与"劳动分工"相反价值创造方式的基础上的。这是一种全新的劳动价值生产形式。它不是通过单个资本的价值生产过程，而是通过全体劳动者劳动（包括体力与脑力劳动）产品在一个较大的时间与空间范围内，由已经成形的劳动产品之间发生聚集与聚合反应的一种价值创造形式，由此所获得新增价值，大部分通过共享产品的按需分配形式，为社会成员所共享。例如路桥、科技、互网联产品，但是也有一部分为资本所占有，如上面所说的房地产商占有。在当代资本生产进入萎缩的新阶段，这种价值生产方式要大力发展，以替补资本生产的萎缩；另一方面要通过制定新的税收政策，将由"聚集生产"与"聚合效应"所产生的价值收归国家财政进行二次分配，或者继续提供给社会共享。

厘清并加强这一块新方式的价值生产，在未来可持续发展中十分重要。过去30年中国高速发展的奇迹，其实"聚集生产"与"聚合效应"这一块生产是发挥了巨大作用的，只是没有认识到罢了。例如，高铁、高速公路、互联网等，都通过"聚集生产"与"聚合效应"而发生了大量看不见的已通过共享方式分配的价值。在新的30年，应该建立在对这一块价值生产客观规律充分认识的基础上，更积极主动地寻求那些能产生"聚集生产"与"聚合效应"的项目与产品进行投资，为社会提供更大规模的共享产品。这种共享产品虽然是没有价格，但是可以通过另类统计计算它的GDP增加价值。

总结

上述三个层级的宏观调控手段，来源于《信用价值论》中的社会经济总过程中的三个层次的生产循环理论。全面产能过剩与资本过剩阶段的到来，不仅仅是目前中国经济发展的一个坎，也是世界资本主义发展中的一个瓶颈，而此正是西方宏观经济学的理论盲区。只有彻底抛弃西方宏观经济学所构筑的传统观念，采用《信用价值论》的理论体系，解放思想，把握经济发展的规律，在继续发挥资本生产基础性作用的同时，当前阶段里，重点要掌握信用价值生产的理论原理，能动地应用其运行规律，对当前我国最弱项的股市制度进行彻底的改革，转变股市负向的作用机制为正向的信用价值生产机制；同时也要认识两种国债的使用原理，发挥中国政府强大的社会资本生产能力与组织能力；在三大宏观调控手段并用（而不是仅仅第一个层次的）基础上，就能产生三个层次宏观调控效果的叠加，中国经济再持续 30 年实现 10% 以上的增长是一定能做到的。届时，中国的人均 GDP 也能超越美国（假如美国维持现有速度不变）。

人类正面临社会生产方式大变革的前夜，中国应该成为领头雁。

参考文献

1 参看《信用价值论》第 23 章，第 593 — 600 页。

2 参看《信用价值论》第 10 章，第 299 页。

3 来自 2015 年上半年国家统计局数据。

4 参看《信用价值论》第 10 章 283 — 312 页。

5 参看《信用价值论》第 10 章第 4 节 "再生产均衡方程式在宏观调控中的应用"，第 297 — 300 页。

6 参看《信用价值论》第 10 章 290 — 295 页。

7 或许有人提出，美国在 80 年代以来一直获得了 1% — 4% 区间的年增长率。美国没有价值生产理论，经验性的运用了实质上第二层级中的货币信用价值生产与股市信用价值生产。

8 参看《信用价值论》第 10 章第 283 — 312 页。

9 2015 年 12 月末中国外汇储备为 3.33 万亿美元，人民币与美元汇率约 6.5：1，货币

M2 余额 139.23 万亿元人民币，GDP 总量 67.67 万亿人民币。

10 有关如何才能获得货币发行价值，详见《信用价值论》第 5 章第 135 — 147 页。

11 详见《信用价值论》第 21 章第 527 — 545 页。

12 股市拉低经济增长的作用，详见《双轮经济》第 1 章第 7 节"股市融资与国债投资关系的真相"第 27 — 30 页。

13 此理论原理详见《信用价值论》第 14 章第 389 — 415 页。

14 参看《信用价值论》第四编第 12、13、14 章，第 343 — 422 页。

15 《信用价值论》已经为股市转型提供了理论支持。如何进信用如何产生价值，详见《信用价值论》第 13 章第 366 — 388 页。

16 有关"印钱消费"的货币性质与流向，详细请参看《信用价值论》第五编第 16 章第 454 — 470 页，第 17 章第 474 — 476 页。

17 《信用价值论》第五编第 16、17、18 章，第 455 — 488 页。

18 《信用价值论》第六编第 19 章"社会资本生产"。

19 详见《信用价值论》第 24 章第 618 — 634 页。

（蔡定创：原南京高级陆军学校毕业。十七年军旅后转至省单位工作，先后为 IT、外汇投资公司总经理。倾心于强国，并致力经济与改革等方面的探索。著有《资本论续—信用价值论》《货币迷局》《印钱消费》《双轮经济》。）

机器人时代，当勇敢拥抱财政赤字

党爱民 / 文

　　一直以来，国内外经济学界对中国经济的 M2/GDP 的比值偏高却没有发生严重通货膨胀感到迷惑不解。针对这一问题，国内研究表明（徐长生，2015），中国货币 M2 增长的部分，主要体现在准货币 MQ（主要是企业和居民的定期存款，即 M2 减去 M1 的部分）的增长，而 M1/GDP 始终维持在 0.58 上下且随经济周期波动，参看下图，这便是谜底。

各年度M1、M2、MQ与GDP的比值

　　还有研究认为，中国的储蓄存款具有卡甘效应（彭方平等，2014），即在通货膨胀率较低的时候，企业和居民偏好持有货币而不是持有实物。还有研究认为，非国有上市公司净利润迅速增长是企业储蓄快速增长的原因（尹志超等，2015）。还有研究认为，我国中小企业数量的大幅增长存在规模不经济，导致企业储蓄增加。也有研究认为（bayoumi，2010），国有企业利润分红少导致中国企业高储蓄率。

从上面的图中以及他人的研究结论可以大致概括出一个结论，中国经济 M2/GDP 较高的原因，主要是企业定期存款快速增长所导致的，既然企业把大部分货币变成了定期存款，当然就没有发生通货膨胀。

以 2014 年的经济数据为例，120 万亿的 M2 中，从资产方来看，居民储蓄 40 万亿，企业储蓄 60 万亿，事业单位储蓄 20 万亿，从负债方来看，居民负债 20 万亿，两级政府负债 30 万亿，企业负债 50 万亿，外汇占款 20 万亿。

针对以上现象，我们可以进一步厘清它们之间的逻辑关系：中国各个公司和企业之间由于市场竞争力的差异，导致一部分效益好的企业大规模储蓄，而另一部分效益差的企业大规模负债。效益好的企业赚了钱，既不会大规模消费（给股东很少分红），也不会拿去投资（产能过剩），而是偏向于定期储蓄。效益差的企业负债累累，成了"僵尸"企业。这好比一个赌场，一部分人赚了钱，就拿去存银行，而另一部分人输了钱，不仅造成自己债务负担，同时也造成银行潜在坏账。这种现象不仅存在于企业之间，也存在于家庭之间，甚至存在于政府部门之间。

随着资本积累和技术进步，我们已经逐渐跨入了一个机器人的时代。在机器人时代之前，工人在工厂里劳动，工厂付给工人工资，工人用工资消费工厂的产品，如此循环，没有问题。在机器人时代，机器负责生产，人类负责消费，但机器属于企业，企业仍然要收钱，人类又无法参与生产，无法领到工资，所以人类无法向企业的机器付费。

这个矛盾随着机器人时代的迫近，显得越来越重要、越来越显著。一个国家的货币供应一定要考虑企业和居民迅速增加储蓄这个新现象、新矛盾，这是机器人时代特有的现象。央行或财政，一定要有与储蓄的迅速增加相匹配的政策。经济运行需要的流通性体现在 M1 上，这里没有问题，经济会自动调节，而经济运行需要的储备资产，体现在 MQ 上，这里有问题，供不应求，MQ 的供不应求，严重压制了经济、压制了机器的运转、压制了产能的释放。

针对目前存在的这种现象，首先要抑强扶弱，让赚钱的企业多缴税，利用税收手段调节利润，同时还可以强制赚钱的企业给股东（尤其是国有企业的全民股东）增加现金分红。我们必须清楚，优秀企业的货币利润对应着"僵尸"企业的银行贷款。如果实行末位淘汰，把僵尸企业淘汰掉以后，优秀企业也就赚不到货币利润了，于是又会诞生出一批新的"僵尸"企业，如此循环往复，直至经济崩溃。对于竞争力差的企业，应当给予适当政策扶持，让它生存下来，以便维持就业、维护社会稳定。

针对目前存在的问题，我们还可以通过加大财政赤字兴办公共事业的办法来解决。在目前产能过剩的大背景下，加大财政赤字的办法好过扩大出口。财政赤字对经济的拉动作用与出口顺差的拉动作用完全相等，相当于"对内出口"（卡列茨基语），同时还有一个好处是，财政赤字的办法会把实物财富留在国内，不容易造成通货膨胀、资源流失。

现在有很多人对财政赤字不理解，天然地具有抵触情绪。

第一，他们担心通货膨胀。首先，前面已经说了，货币增加的部分基本上被优秀企业变成货币利润储蓄起来了，这些企业不会增加消费，因此，就不会通货膨胀。其次，财政赤字的钱大部分投入国内基础设施建设上，这会增加国内公共产品的供给，增强我国综合国力，会降低国内企业生产成本。有些人热衷于出口，出口是把东西给了美国、拿到美元，然后由央行再结算人民币，东西走了钱来了，这会导致国内财富流失，以致埋下通货膨胀的隐患。

第二，有些人担心财政赤字如何归还。中国人一直有一个观念，借债还钱，天经地义。但是，财政赤字的钱，仅仅是一个记账方式，根本就不用归还，永远也不需要归还。为什么？因为，财政赤字的钱，每一分每一厘都对应着企业和居民的金融资产。钱到了企业和居民的账上，谁会抱怨自己的钱多？谁会找政府要求兑换黄金之类的？不会的！

第三，有些人还会说，既然印钞票可以致富，那津巴布韦为何就不能？前提完全不一样。如果津巴布韦有今天中国的生产力，津巴布韦照样可以通过印钞致富。印钞的目的，就是要把那些正被压制着的过剩产能发挥出来，是以过剩产能为后盾的。

第四，还有些人又说了，中国经济目前还没有糟糕到要大规模财政赤字的地步。我们极力倡议财政赤字，绝不是认为中国经济不行了，而是认为中国经济实在是太好了，好到有大量的产能没有被挖掘出来。财政赤字就是要充分挖掘这部分产能，把它运用到国内建设上来。

第五，又有人会说，现在国内基础设施已经很多了，再投资不赚钱，效益不高。到2010年年底，美国有15079个机场，而我国仅有502个。美国19世纪80年代就建成铁路14.9万公里，中国经过100多年的铁路建设积累至今还不到12万公里。美国人均钢铁占有量20吨，而中国仅有10吨。我们广大农村地区乃至广大的西部地区的基础设施仍然十

分落后，要做的工作还有很多。即使城市建设，美国的下水道直径 10
米，中国首都北京的下水道仅有 1-2 米，稍遇大雨，城市变泽国。至
于基础设施赚钱的问题，因为是公共设施，就应当仅考虑它的社会效
益，考虑它的外部性，本来就不应该赚钱。即使是现在赚钱的那些项目，
也应当放弃赚钱。

第六，还有人会说，现在企业和个人把钱存起来了，万一哪一天
把钱花出来，岂不要通货膨胀？这完全是杞人忧天。当年有人以"笼
中虎"的比喻吓唬我们，可这只虎到哪里去了呢？死了，被高速发展
的生产力轧死了。只要我们的粮食产量保持现在的每年 6 亿吨，这些
钱就不会出来抢粮吃、不会抢肉吃。只要我们每年的布匹产量保持现
在的 700 亿米，这些钱就不会出来抢衣服。其他葱、姜、蒜、油、盐、
酱、醋，都是这个道理。随着经济的发展，我们在基本民生商品方面
的生产力会逐步接近甚至超过我们 13 亿人消费的极限，那时，根本
就不会发生通货膨胀。至于人们抢购奢侈品或者抢购新产品，那根本
就不是货币政策应该关注的。LV 包的价格 10 万 8 万，不重要。苹果
10 代手机 500 万元一部，重要吗？火星旅行 1 亿元，重要吗？这无
关货币政策。

第七，有人还对我国现有生产能力究竟有多大，不甚了解。目前
我国生产能力远超美国，一些基础工业的生产能力甚至超美国 10 倍
以上，即使算人均产能，也要超过美国数倍。例如，2014 年我国生
产钢材 11.25 亿吨，约等于美国历史上最高年产量的 10 倍、人均年
产量的 2.5 倍。2015 年，我国煤炭总产能高达 57 亿吨，实际产量受
需求不足的影响，当年仅 37 亿吨，但美国煤炭产量仅 8 亿吨，不到
中国的四分之一，人均产量也比中国低。在工业消费品方面，由于美

国基本不生产了，因此，美国就更没法和中国比了，即使比较人均产量，我们也比美国多几十倍。虽然我们的人均生产能力是世界人均的 4 倍，但我国的人均消费还不到世界人均的一半。我们生产的东西，主要是用于出口了。这就形成了中国生产、美国及西方消费的畸形格局。我们主张加大财政赤字，就是希望把这部分为西方消费服务的产能转化成为我国广大人民服务。

第八，有人还会说，现在国际形势不好，对我国经济影响很大。这不是理由，这个理由根本站不住脚。现在原油降价、铁矿石降价、煤炭降价、铜降价，所有国际大宗商品全部降价，这正是建设我们祖国的大好时机。国际形势一派大好，前所未有的好！说国际形势不好的人，就是把目光放在了出口上，想赚美元，不想搞国内建设。

货币的价值来源于生产，是生产赋予货币价值，只要我们能够生产我们需要的东西，就不能说我们没有钱。政府部门财政赤字增加，非政府部门金融资产增加，按照会计原理，其数额完全相等。随着经济的发展，非政府部门需要不断积累净储蓄，因此，财政赤字是现代经济的常态，是现代经济的客观要求。马克思早在 100 多年前，就认识到了一个国家"负债越多就越富"这一现代经济理论（《资本论》第一卷第 823 页）。

很多人反对增加财政赤字，说到底是因为怕通货膨胀。事实上，自 1997 年以来，除了 2007 年和 2011 年 CPI 超过 5% 以外，其他年份 CPI 都在 5% 以下，大的通货膨胀根本就没有发生。如果观察 PPI，自 2012 年以后一直在 100% 以下运行，实际处于通货紧缩状态。如果说有通货膨胀，首先应当归因于过度出口。我们生产了产品，不能供我们自己消费，却拿去换美元，这就埋下了通货膨胀的种子。只要我们以财政赤字替代对外出口，就会彻底摆脱财富流失，以及通货膨胀的病根。

现在日本央行推出负利率政策，声称每年增加基础货币 80 万亿日元。80 万亿日元相当于人民币 4 万亿，日本的 GDP 仅为中国的一半，如果按照日本央行的用药剂量，我们国家应当每年增加基础货币（或者财政赤字）8 万亿人民币。而事实上，我们 2015 年的财政赤字仅仅为 1.62 万亿，少得实在可怜。我们每年 8 万亿的财政赤字，一点问题都没有；每年 M2 的增长速度应当维持在 25%–35%，一点问题都没有。我们天天高喊创新，却在宏观经济政策上一点创新也没有，还是死脑筋，旧观念，恨不得搞成"财政平衡"那一套。自己不创新，连美日欧的创新也是视而不见，还讥讽人家不负责任、滥印钞票，其实是自己不负责任、没有担当、不作为。

在一个由半机器人生产向机器人生产过渡的时代，人类参与生产的机会越来越少，人类靠劳动获得生存资金的机会越来越少，美日欧的宏观经济政策，正是顺应了这个时代的大潮流——印钞票、让人类消费、让机器去生产。中国有世界上最庞大的生产力，却不敢印钞票，却要让自己的人民像牛马一样永远吃苦受累，而美日欧，通过大印钞票，一方面驱使本国的机器为本国人民生产，同时也驱使中国的机器为他们生产，驱使全球的机器为他们生产，驱使全球的资源为他们所用、为他们服务。我们应当幡然醒悟，大印钞票，让我们本国的机器为我们的人民生产，同时也尽可能地运用好国际资源。在这场现代化的经济战争中，如果我们的思想观念跟不上，我们可能不是倒在洋人的枪炮下，而是倒在了洋人的印钞机下，我们可能再次在机器人时代落后于西方，与现代化失之交臂！

美国搞量化宽松，日本搞负利率大印钞票，欧洲也搞量化宽松。榜样就在眼前，你学还是不学？敢不敢学？我们不能说我们负责任，难道人家就不负责任了？要顺应历史潮流，要学习新情况，要适应新形势，要解决新问题，这才是真正的创新！

（党爱民：网名 Dammos、求心，国际金融专业研究生。某企业负责人，广州求心经济研究所主任。主要代表作有：《过剩经济学》，2004 年广东经济出版社；"论发展中国家的有效需求与就业"，中国权威经济论文库；"基于生产过剩的社会分红"，激进政治经济学评论（美），2011 年 43: 216-229；《货币改革与社会分红》，企业管理出版社，2011 年。）

工业化与新工人的未来

李昌平 / 文

农民的出路在哪里？

农民的出路在工业化和城市化。世界上很多发达国家就是这样走过来的。远的不说，近的就有亚洲"四小龙"。

然而，从 1978 年算起，中国工业化和城市化高速发展了 30 多年，有户籍农民却由 7 亿增加到了 9 亿多。2008 年，一场全球性金融危机的袭来，中国 2000 多万"打工者"——新工人不得不返回农村，重新做农民。

中国依然是 9 亿农民为 4 亿市民"搞饭吃"——"供大于求"，农民不穷都难啊。

中国必须减少农民

假如中国真的像发达国家一样，只有 10% 的农民了，8 亿农民进城成为了"打工者"或者市民，那会怎么样呢？

世界上发达国家不到 6 亿人，中国、印度、越南等发展中国家数十亿人。数十亿人为 6 亿人"搞制造"，"供大于求"，"打工者"不穷也难啊。这和"9亿农民为4亿市民搞农业——越搞越艰难"是一个道理。

发达国家制造业100元GDP有75元转化为国民收入，中国等发展中国家制造业100元GDP只有35元转化为国民收入。在国际分工体系中，发展中国家的"打工者"收入这么低，"打工者"何以市民化呢？假如将来中国城市里生活着8亿多月工资只有2000元的"打工者"，农村8亿多农民问题转化成了城市8亿多"打工者"问题，那会是什么局面？

站在中国的角度思考，中国必须让农民尽快尽多地变为工人或市民，否则，中国的农民是没有前途的。但站在全球的角度思考，中国农民转变"打工者"越多越快，全球性"中国制造"过剩就越严重，中国"打工者"就会越"制造"越穷。中国的"打工者"——新工人是没有前途的。

假如中国不减少农民，农民问题会更加严重——中西部问题；假如中国农民转变为"打工者"越多，中国"工人问题"就会更加严重——东部和城市问题。这似乎是一个无解的难题。

"中国拐点"

中国是世界上最大的发展中国家，人口和劳动力总量占全球的1/5强。全球一般制造业一直是梯度转移的。在中国进入全球制造业梯度转移历程之前，全球一般制造业的格局是少数人为多数人搞制造；中国加入全球一般制造业梯度转移之后，全球一般制造业出现了"中国拐点"——由少数人为多数人搞制造转变为多数人为少数人搞制造了。

在全球一般制造业出现"中国拐点"之前，一般制造业100元

GDP 转化为国民收入 70 元，在工业化中后期基本可完成城市化，即 85% 以上的农民转化为市民，社保、医疗、教育、生态等现代化水平都接近发达国家水平。可是，"中国拐点"出现之后，一般制造业 100 元 GDP 转化为国民收入只有 35—40 元了，因此，我国"出口导向"工业化搞了快 30 年了，已经进入工业化中后期了，但有户籍的农民数量还有 9.4 亿，比 30 年前还多出 2 亿多，社保、教育、医疗、生态等现代化水平远远落后于亚洲"四小龙"及更早实现现代化的国家和地区，即城市化大大落后于工业化。

这就是制造业全球梯度转移进程中的"中国拐点"出现之后的重大改变，因为中国工业化进程中的劳动力报酬大大低于亚洲"四小龙"之前的所有国家和地区，农民转化为市民的速度大大延后，城市化大大落后于工业化，进而导致内需不振，产业升级缺乏内在动力。中国现代化陷入了"劳动力比较优势"和"出口导向工业化"的陷阱。亚洲"四小龙"的"出口导向"工业化、城市化、现代化战略解决不了中国的农民问题和打工者问题。

不能重复 1997 年的故事

中国现在怎么办？这是中国当下要回答的重大问题。

中国现在的思路大体上是 1997 年应对亚洲金融危机的思路：一方面，大幅增加政府财政投资，维持一定经济增长速度，增加就业，维持社会稳定；另一方面，采取出口退税、增加流动性等多种措施，帮助东南沿海出口企业渡过难关，期待在短期内重新走上快速增长轨道。中国现在采取这样的应对策略，主要基于两个基本判断：第一，全球金融危机很快过去，外需很快就会恢复并持续增长，东南沿海很快会承担起"火车头"的作用；第二，"出口拉动型"工业化战略，可以帮助中国整体上实现城市化和现代化。

但这两个判断的现实基础正在改变。

第一，中国东南沿海的经济危机，本质上与全球金融海啸关系不大，是全球制造业梯度转移的必然现象，东南沿海"出口拉动型"模式不可持续；第二，"出口拉动型"工业化战略，在亚洲"四小龙"之后，再不可能帮助大型国家整体上实现城市化和现代化了。

今天的全球金融危机和 1997 年亚洲金融危机对中国来讲，是完全不一样的。1997 年，正是中国"出口拉动型"工业化步入旺盛时期的初始阶段，现在是"出口拉动型"工业化收尾时期。如果中国采取 1997 年"积极财政政策"的办法，只会增加更多的产能，有可能进一步加剧"生产过剩"危机，会造成长时期的"通缩"和更大的"经济危机"。不仅不能率先走出低谷，有可能在别国走出低谷时，我们正好走进低谷。

退一步说，即使美国等发达国家走出了低谷，也不必然中国就恢复 2007 年的增长速度，因为，美国等发达国家不一定偏好中国的制造产品，可能更加偏好越南、印度等国的制造业产品。发达国家有太多的选择，何况中国沿海的制造业已经失去了低成本优势。

防止"烂尾楼化"

低增长不完全是坏事。日本在低增长下发展了近 30 年。日本的经验和教训对中国沿海地区应对危机是非常珍贵的。

1985 年"广场协议"之后，日元大幅升值，日本在随后的近 20 年中，也出现了"倒闭潮"和"失业潮"。近 30 年来，日本一直是有步骤地向海外输出产业、资本、技术、管理、人才等，变日本经济为全球日本人经济。尽管日本国内经济一直处于低增长，甚至负增长状态，但并没有因为经济低增长或负增长，出现严重的社会问题，人民生活水平稳步提高。

继日本之后的亚洲"四小龙"，最近 10 年，产业和资本等也一直在向外转移，同样，亚洲"四小龙"并没有出现十分严重的衰退，资本积累快速上升，人民生活水平稳步提高。

为什么向外输出产业和资本等，可以帮助本土渡过危机呢？因为"出口拉动型"工业化战略是阶段性的，实现城市化、现代化后"出口拉动型"战略就没有意义了。产业和资本不向更落后的地区转移，必然会"倒闭"。而主动向更落后的地方输出过剩的产业、资本、品牌、技术、管理和人才（包括熟练工人），利用他国的土地、劳动力、资源能源、环境等创造价值，获得的是"绿色收益"（将污染留在了他国）。这是变"本土经济"为"非地经济"，虽然可能导致沿海 GDP 增长放缓，但沿海人的财富积累会加快，资本积累会加快，更有利于人民生活水平的改善。

中国东南沿海地区今天面对的问题，和日本以及亚洲"四小龙"是同一类问题。要重点研究日本 90 年代以来是怎么走过来的，一定要将有限的财力用在社会升级和生态升级上（包括环保产业发展）。

1990 年前后，海口和北海是中国仅次于深圳的高速增长区和区域发展龙头。可是在 1997 年"亚洲金融风暴"时，海口和北海开始走下坡路了，从此一蹶不振，十几年来几乎被人遗忘了。

海口和北海为什么一蹶不振呢？这是值得危机之中的温州等东南沿海发达地区深入研究的。一栋"烂尾楼"要修起来，可能只需要数百万，但往往十几年之后也无人接手"烂尾楼"的修建，为什么？不是因为拿不出数百万的钱,是因为与"烂尾楼"相关的经济关系"紊乱"了,要理顺"紊乱"的经济关系,需要太多的时间和精力。数百万付得起,但时间和精力往往耗不起,"烂尾楼"的背后是经济关系"烂尾"了。

一个快速增长的经济体(地区或城市),经济增长速度突然慢下来,应对不好,往往会出现各种各样的"烂尾楼",从而导致经济关系大面积"紊乱",甚至导致整个经济体(地区或城市)变成一个"烂尾楼"。整个经济体变成了"烂尾楼",可能是数月之间的事,但重建"烂尾楼"可能需要十几年,甚至更长的时间。

新工人的未来

东南沿海的很多城市政府,现在手上是有财力的,也可以调动巨大的财力。这些可用的财力非常宝贵,用对了,可以帮助走出困境;"瞎折腾",就会加速"烂尾楼化"。东南沿海很多城市政府视打工者为包袱,异口同声高喊"打工者返乡创业和就业"。这恰恰会加速"烂尾楼化"。

为什么吸纳人口和提升社保水平可以防止"海烂尾楼化"呢?这是因为,"制造业外移"后,产业升级的主要方向是深化服务业。一个城市的社保水平越高,服务业升级就越快。服务业升级越快,人气就越旺,房地产等财产性收入就会稳步增长。如果一个地方制造业外移,同时人口大幅减少,就会出现财产性收入大幅下降,企业和居民就会出现"负资产",银行就会出现坏账等,就会出现经济关系"恶性循环"。不仅会出现"烂尾楼",整体经济关系都会出现"烂尾"。这就是海口化和北海化。

东南沿海政府现在手上的财力,要重点用在社会保障水平的提升上;用在闲置厂房改居民楼上,用在打工者市民化上;用在环保事业上;

用在成立资产信托公司，盘活存量资产，防止经济关系恶化上。不是向中西部政府和中央政府呼喊"打工者返乡"，而是要向中央要政策，安置打工者，将打工者变为市民。

未来30年内，中国人口高峰不会低于15亿，中国如果像先发国家一样现代化，农民占人口的比例低于10%，城市要生活13亿多人，农民只有1.5亿人。中国30年的改革开放，经济发展速度惊人的快，很多资源已经不得不依赖国际市场了但农民数还增加了2亿多，总量高达9亿多。即使今后每年城市化1500万人，再过30年，中国的农民数量可能也不会低于5亿，如果低于这个数，除了资源供应会严重短缺外，社会稳定也难保证。30年后，城市市民10亿人，农村（含乡镇）居民还有5亿多人。

乡镇以下的农村要留住5亿多人，并过上和市民差别不大的"幸福生活"，这是统筹城乡发展的关键所在。农民不能一股脑地进城，应该有序进城，进城的生活水平和没有进城的生活水平相差不大。这就需要安排好农村的基本经济制度。

（李昌平：经济学硕士。1983年1月—2000年9月，先后四次担任乡镇党委书记、县农村工作部副部长等职。2000年3月，致信朱镕基总理，反映当地面临的突出问题。此信引起中央对三农问题的关注。10月，首次公开在国内媒体呼吁：给农民以同等国民待遇；12月当选《南方周末》2000年年度人物。2000年9月辞去乡党委书记职务，任《中国改革》、《改革内参》记者、编辑。2002年1月，李昌平专著《我向总理说实话》一书由光明日报社出版。现在就职于乐施会。）

金融战与全球"去美元化"

清湖渔夫 / 文

2015 年是中美金融战进入高潮的一年。在世界各国和企业因为深受美元体制之害、对美元的信任越来越缺失和越来越多国家参与推动"去美元化"进程的情况下，中美两国作为全球最大的两个经济体，就冲击和保卫美元本位制，在金融领域的各个层面和方面展开了激烈博弈。

作为资本的美元及其投放和回流机制

我们首先考察在美元本位制下美元资本循环与运动的流程。随着美国经济的金融化，依托美元本位制的美国资本全球循环体系同样金融化。美联储的印刷美元是美元资本全球循环与运动的起点。在这里，美联储作为最后贷款人向美国垄断财团的企业贷款，提供的美元被这些企业开始运用，从而与掌控它们的人或者社会组织一起成为美元资本的现实形态。美元一旦进入市场体系，也就是资本形态的物的部分，美元资本流出境外并且开始它们的资本循环，要么投资境外金融市场，构成美国的对外投资部分，要么在境外的商品市场开始循环，构成美国的对外商品与服务的采购，这些采购相对于采购地国家而言就是对美商品出口，世界商品和资源因此流向美国，供美国企业和个人生产与消费。

流出境外的美元在投资地或者采购地形成这些地方政府、企业或者个人的外汇。在全球资本流动自由化的背景下，美国又要求掌握美元外汇的国家投资美国，这其中包含两种情形，一种是对美出口商品获得美元外汇的国家、企业和个人对美直接投资；另一种是对美出口商品获得美元的国家、企业和个人用获得美元向其他国家采购，比如向欧佩克国家采购石油，再由这些国家对美投资；美元资本因此回流美国市场，在美国经济金融化的前提下主要是回流美国金融市场。因为美国华尔街财团在本土的金融市场具有主导地位，美国金融市场也就成为这些回流美国的外国资本的绞肉机，美国金融垄断资本对这些资本进行绞杀。拥有这些美元的外国政府、企业和个人在金融市场的损失也就成为美国金融垄断资本的投机利润。

美元回流美国本土市场有三种方式，一是外国政府、企业和个人投资美国金融市场，二是美元资本在海外循环获取利润后回流；三是美国的商品和服务出口所导致的美元资本回流；其中以前两者为主要方式，美国的商品出口反而因为在金融化的经济中所占比例较小而成为次要方式。因此在美国的国际收支平衡表上，经常项目必然地长期处于赤字状态，而在资本项目上一般处于黑字状态。经常项目的赤字之所以被资本项目黑字所部分抵消，就是因美元资本的海外循环的利润、美国金融垄断资本在本土市场对外国政府、企业和个人资本绞杀所获的利润所致，美国从海外商品与服务的净进口由这两项利润来冲销，美国因此从全球获得资源和财富。这就是美国特有的金融生存方式。

美国企业或者金融机构的美元资本在这个体系中获利后再归还美联储。如果美国在海外市场循环的本金和利润的回流超过了所在国的美元外汇的支付能力，就会引起美元的跨国贷款（包括国际金融机构贷款，比如IMF附件政治条件的贷款）或者债务危机，而跨国贷款一般通过该国的对美商品出口来偿还。美元流出美国本土的数量超过美元从海外回流本土的数量，构成世界其他国家政府、企业和个人自留的美元外汇。美联储向美国政府购买国债只不过多了一个中间环节，美元通过美国政府采购和投资进入市场体系，同样成为美元资本，其归还美联储的基础是美国政府税收。

这就是美元全球流动的基本过程，也是石油美元本位制的金融层面。

强势美元政策

随着美国经济的金融化，美国经济复苏和重新走向繁荣，其中的一个重要支撑就是美国金融市场繁荣。虽然美国总统奥巴马在上任后提出了"再工业化计划"，但是因为美国工程师、技工和熟练产业工人队伍的工业训练得经过一两代人的时间，美国"再工业化计划"非短期内能够见效。美国经济的快速复苏也就只能寄期望于美国金融行业和市场的重新繁荣；这毫无疑问需要大量的非美资本流向美国本土金融市场，不仅为美国资本提供市场对手和利润来源，而且也为美国提供就业机会。

2014年"乌克兰危机"导致地区动乱，美国以避险为名引诱欧洲国家资本大规模流向美国金融市场，以便美国金融资本对这些资本羊群进行绞杀。作为引诱手段之一，美国启动了美元升值进程，提供避险对象——坚挺的美元和美元资产。欧洲国家察悉其奸，即使后来恐怖势力在欧洲多次进行恐怖威胁的情况下，欧洲国家资本也没有如美国资本所期望的那样涌向美国。欧洲国家反而东向亚洲，加强了同中国的金融战略合作和相互策应，主要有三点：一是欧洲国家加入亚投行，中国加入欧洲复兴开发银行；二是中欧组建联合证券交易所，三是中欧将双方的货币互换协议扩容。美国企图对欧洲资本剪羊毛的图谋落空。

强势美元政策就是在这种背景和现实需要下产生的。一般而言，尽管强势美元政策出现的基础是美国经济状况好转，不过因为美国通过"统计会计魔术"创造了美国经济已经"复苏"的"证据"，玩"预言催生现实"的把戏，将美元升值和美国经济复苏的因果关系人为颠倒，诱骗其他国家资本去投资假"复苏"的美国。强势美元政策因此徒具其表。

"去美元化"进程发展与美元崩溃的前景

美国资本强行推动"美元升值"进程，也是为了对抗全球"去美元化"进程。随着美元问题的发酵，世界各国和企业对美元信心越来越缺失；美国一方面启动美元升值进程，诱使世界各国政府和企业增持，至少保持美元外汇储备；另一方面，就是策动世界大宗商品市场石油和有色金属的美元价格下跌，使得美元看起来"值钱"一点，以维持全球市场对美元的信心。

如果美元持续贬值，国际市场上商品的美元价格持续上涨，美元在世界各国、企业和私人手中也就会越来越烫手，抛弃美元的市场进程会加速和自我强化。在世界各国对美国的金融市场的绞肉机实质越来越清醒的情况下，假如全球天量的美元倒灌美国本土市场，会直接冲向美国本土商品市场；凭借美国本土的商品生产能力和供应，根本无法平抑数十万亿美元涌进而形成的无节制抢购潮；美元即使作为世界货币，同样难以避免"一战"后德国马克和民国末年法币金圆券的货币崩溃结局。易见的是，如果全球各国和企业考虑到美元崩溃而成为废纸，相应的美元金融资产届时也成为废纸；这是天量美元不会回到美国金融投机市场的现实原因。有鉴于此，美国除了推动"美元升值"进程之外，美联储还在三轮量化宽松后被迫中止新一轮量化宽松（QE）。

2015 年金融攻击与反击

2015 年 3 月，以英国宣布加入亚投行为起点，除美国和日本之外的全球重要经济体掀起一股加入亚投行的国际热潮，这是全球各国资本看好中国市场的明显印证。

A 股在 2015 年上半年暴涨和年中的第一次暴跌。面对凶狠凌厉的金融攻击，中国政府和企业被迫救市，对市场上的恶意做空势力和地下钱庄进行清理和打击，同时通过金融领域的反腐败清理金融木马。

在整顿国内金融领域的同时，我国也在国际市场上发动金融反击。8 月 11 日，中国人民银行宣布，为增强人民币兑美元汇率中间价的市场化程度和基准性，央行决定完善人民币兑美元汇率中间价报价。自当日起，做市商在每日银行间外汇市场开盘前，参考上日银行间外汇市场收盘汇率，综合考虑外汇供求情况以及国际主要货币汇率变化向中国外汇交易中心提供中间价报价。这就是所谓的"8·11 汇改"。

自 2008 年金融危机以来，人民币升值过程背后具有强烈的"美国因素"。仅仅三个点的汇率下调，不仅强烈改变了国际汇率市场几年来对人民币持续升值的预期，而且引起国际金融市场"地震"，也让"强势美元"政策基础——美国金融市场的脆弱性暴露无遗。人民币兑美元汇率的贬值使得我国外贸出口企业的环境改善；因为我国工业体系的完整性和范围经济，加之人民币贬值，在增长放慢和出口疲弱的形势下，我国出口产品的价格竞争力使得我国不仅对西方工业化国家具有一定市场优势，而且还大大提高了我国工业品在发展中国家市场的攻城略地能力，有可能将西方发达国家的出口产品从这些市场挤出去。

这无疑引起西方国家对中国可能引导人民币进一步贬值的忧虑。在9月初举行的 G20 财长会议上，各国勉强就避免"竞争性货币贬值"和"持续的汇率失调"达成"共识"，这是 G20 自 2013 年以来首次采用该措辞。据英国广播公司网站 11 月 11 日报道，美国财政部长雅各布·卢在美国华尔街贸易团体的一次会议上发表谈话说，中国应该坚持改革的道路，而不应该试图以降低汇率的方式参与竞争；许多美国国会议员批评中国有意让人民币贬值，以增强自己在国际市场上的竞争力。在 G20 领导人会议召开之前 11 月 14 日，土耳其副总理发表讲话时表示："人人都反对竞争性货币贬值。中国已经向 G20 保证，将不会走上这条路。这里不存在货币战争的预期。"不过 2014 年以来，除了人民币和美元之外，世界其他主要经济体的货币都在持续贬值当中。

中国倒出美元外汇储备和国际资本流动的变局

美元的持续高估和世界商品市场的美元价格持续下跌，同样也给我国企业提供了一个机会。我国趁此机会开始抛出美元外汇储备，在全球市场先发制人地积极收购。一方面，趁着大宗商品的美元价格下跌，囤积战略资源，特别是大力扩充我国的石油战略储备。另一方面，我国通过海外投资开始全球布局。

12 月 14 日，中国人民银行公布的数据显示，人民币外汇占款 11 月下降 3158 亿元，至 25.56 万亿元人民币；曾下降 3183.51 亿元，创下历史最大单月降幅。这与此前公布的 11 月末外汇储备数据走势一致。我国外汇储备 11 月底降至 34383 亿美元，比 10 月的 35255 亿美元下降

872 亿美元。

商务部公布的数据显示，1—11 月，我国对外直接投资继续保持两位数高速增长，1—11 月，我国非金融类对外直接投资 1041.3 亿美元，同比增长 16%。"一带一路"战略引领作用突出；境外经贸合作区建设、基础设施建设、对外承包工程亮点纷呈，大型项目显著增加；中国已开始进入资本输出和产业输出阶段，用美元外储先期占领"一带一路"的关键节点。前 11 个月，我国企业共对"一带一路"沿线的 49 个国家进行了直接投资，共计 140.1 亿美元，同比增长 35.3%；在"一带一路"沿线的 60 个国家新签对外承包工程项目合同 2998 份，新签合同额 716.3 亿美元，占同期我国对外承包工程新签合同额的 43.9%，同比增长 11.2%。

中国企业成全球并购新动力。据彭博社统计，2015 年上半年，亚太地区并购交易数量与规模分别达到 6234 件和 6438 亿美元，交易规模同比增长 65%，发生在大中华区的并购交易规模更是同比增长了 91%，创下历史新高。据安永《全球资本信心晴雨表》报告，2015 年全球十大并购目的地中，中国位列第三，印度和澳大利亚等亚太国家也名列其中，以中国为代表的亚太地区正在成为全球并购增长最快的市场。

据中国人民银行公布的资料，前 11 个月，2015 年来外汇储备累计下降 4050 亿美元；中国人民银行去年因此 4 次下调存款准备金率。而据巴克莱银行估计，中国人民银行在 7、8 月间一共花费了约 1700 亿美元外汇储备以进行外汇干预。如果外汇干预的步伐维持在每个月抛售 860 亿美元储备，从今年 6 月起到 12 月止，中国人民银行的美元储备将减少至少 5100 亿美元，即减少 14%。美国 TIC 报告是由美国财政部每月公布的国际资本流动数据,用于衡量外国对美国债务和资产的需求状况。TIC 报告显示,美国 9 月长期资本净流入为 336 亿美元,8 月为净流入 204 亿美元。美国 9 月包含短期证券和股票掉期产品的国际资本净流出为 1751 亿美元,8 月为净流出 92 亿美元。

在媒体上一度出现了资本外逃的渲染。但是这些媒体混淆了资本外逃与资本流出的关系。资本外逃往往出于恐慌和引起资本对其他不安全性因素的担忧。而资本流出的正规渠道包括"藏汇于民"和"债务偿还"。

不仅中国资本开始走出去,进行全球布局;而且外国资本也纷纷来华加大投资。2015 年前 9 个月,"一带一路"沿线国家对华投资设立企业 1604 家,对华实际投入外资金额 61.2 亿美元,同比增长 18.4%。从"一带一路"沿线国家对华投资的行业上看,金融服务业、租赁和商业服务业、制造业实际投入外资增长幅度较大,同比增长分别为 1509%、231% 和 9%。

人民币兑美元贬值和倒出美元外汇储备是一种策略组合,矛头所指自然是"强势美元",抛出美元外储结合人民币对美元贬值,其客观作用是拖着高估的美元跟着人民币下行;和美国股市几年来的情形类似,美国资本在汇率市场高位扛住美元的时间越长,面临的压力也就越重。而且美元从外汇储备状态转向全球市场流通和状态,抢先挤占美联储进行新一轮量化宽松的市场渠道和空间;如果美联储执行新一轮 QE,两股美元资本流在国际市场交汇,同样会引发新一轮抢购潮和商品及资产价格回升。

因为我国倒出美元外储,也引发了国内的一些人士对我国对外债务偿付能力下降的担忧,这种担忧或者焦虑忽略了中国在国际金融领域的地位上升。首先，我国具有强大的出口能力，贸易上的顺差地位会为对外债务偿付提供第一重保障。其次，我国资本跨境流动体制即使继续改革，也不应该完全自由化；由此可以防止热钱性质的资本跨境流动的大进大出，合理安排债务到期结构；再次，随着人民币日益进入国际结算领域，人民币也逐步成为对外直接支付手段，特别是我国与世界除美国外的主要经济体都签订了货币互换协议，实际提高了我国对外备付水平；最后，在美元债务和债权的安排上，我们如果能够做到基本匹配，就足以避免支付危机。过高的美元外汇储备属于闲置浪费。

人民币被纳入 SDR 篮子和 CFETS 人民币汇率指数的发布

11 月 30 日，IMF 正式通过了将人民币纳入 SDR 货币篮子的决议。国际金融体系一直以来都是美欧日三方主导，现如今成长为世界第二经济大国的中国在国际金融领域获得一席之地。人民币进入 SDR，加速了美元霸权的衰退；人民币对美元世界货币地位的冲击，也迅速被市场理解。12 月 3 日，美元指数从 100.47 的高位暴跌到 97 多一点，跌幅 2.2%。创造了 2009 年 3 月以来的最大跌幅。

长期以来，人民币兑美元实际上是一种联系汇率制，换言之，人民币盯住美元政策，使得人民币成为美元的代用币或者派生货币；美联储三轮量化宽松时期也是中国美元外汇储备和外汇人民币占款双双暴增的时期。12 月 11 日，中国外汇交易中心在中国货币网正式发布 CFETS 人民币汇率指数。随着中国在全球贸易和金融领域的实力和地位逐步赶超美国，人民币与美元脱钩，不仅实际上削弱了美元的世界市场基础，而且继人民币进入 SDR 篮子后再度对美元进行冲击。

12月17日，在岸人民币兑美元即期汇率连续第十天下跌，为过去八年来首见。离岸人民币兑美元重挫近400点，离、在岸价差扩大至800点左右。实际上，在CFETS人民币汇率指数构成中，除美元外的货币早就大幅贬值，人民币汇率通过加权方式与这些货币建立联系，人民币汇率的修复性下跌也就自然而然。野村证券公司新兴市场总监斯图尔特·奥克利认为，采用货币篮子将使中国央行更容易推低人民币对美元的汇率；"通过证明人民币实际上对贸易加权的一篮子货币升值了，美国当局将很难批评中国决策者允许人民币对美元贬值。"

美联储加息预期的市场效应

2015年，有关美联储加息的媒体炒作几乎贯穿全年。美联储加息和美元升值一起，作为美国诱使全球资本到美国金融市场充当市场羊群的手段，被美国操纵的媒体大肆渲染。鉴于美联储加息行动在12月17日才发生，美联储加息0.25%，有关美联储加息的炒作更多是为了发酵和巩固国际市场上加息预期的形成。

企业资本循环与运动和投资的国别转移，一般基于两大因素的选择：一为趋利，即资本流向营运前景和利润率更高的地方；二为避害，即企业会选择从社会动荡和不安全的地方逃向安全的市场环境。在全球经济持续放缓的背景下，中国经济2015年增长6.9%，仍然是全球经济增长率最高的国家之一；换言之，中国市场对国际资本而言机会多、利润率高。

由于奥巴马提出的再工业化计划和就业计划效果不显，全球资本向美国的流入虽有发生，但是其总量离推动美国金融市场繁荣的规模要求相距甚远，美国经济实际上还在萧条的泥潭里挣扎，不见起色。虽然美国凭借其尚存的优势军事力量和政治手段，在欧洲、中东和中国南海频繁制造动荡和紧张局势，但是因为这些被波及的国家对美国的金融意图心知肚明，所以大量的国际资本在美国市场之外游弋而不肯进入，即使进入后也只是停留于银行，不想进入金融投机市场成为待宰的羊群。

10 月 20 日，据《华尔街日报》报道，美国的一些大型银行正在因为大量现金存款发愁。许多企业持有大量现金，而有利可图的投资机会却寥寥无几。道富银行已开始首次向部分存放大量美元存款的客户收取费用。通过对存款进行收费及其他方式，摩根大通今年已将其不需要的存款规模减少了超过 1500 亿美元。一些银行在劝说客户取走这些现金无效之后开始征收费用。

加息预期的操作同样是一种企图用"预言催生现实"的把戏，这种伎俩能否见效却不取决于美国资本自身的意愿。6 月 4 日，IMF 在对美国经济的年度审查中表示，一系列负面冲击和油价暴跌业拖累了美国第一季度的经济增长。这迫使 IMF 将美国 2015 年经济增长的预期下调至 2.5%。4 月，IMF 预期美国今年经济增长为 3.1%。并呼吁美联储将近十年来的首次加息时点推迟至 2016 年上半年。

在美联储加息后，一些与美国经济联系较多的发展中国家迅速做出反应，以防止资本外流导致的经济失血。墨西哥 12 月 17 日宣布隔夜利率上调 25 个基点，至 3.25%。智利央行 17 日宣布加息。与美元保持汇率联动的沙特、科威特、阿联酋和中国香港也在美联储加息后旋即加息 0.25%。

自 2014 年年末美联储正式结束 QE 以来，全球央行货币政策的分歧就开始逐步显性化。在美联储加息靴子落地之后，这种对比鲜明的格局将进一步加剧。目前全球主要新兴经济体货币政策立场也出现一定分化。一方面，中国、印度、泰国等国普遍处于宽松的货币环境之中，中美之间的利率差距虽有所收窄，但是我国并未在利率上采取进一步行动；另一方面，俄罗斯、巴西等部分新兴经济体 2015 年以来普遍进行了多轮加息。除了美国、英国外，欧元区、日本、瑞典、澳大利亚等大多数发达经济体的央行均仍在继续实施宽松的货币政策；不仅如此，欧洲央行和日本央行还开启了负利率时代。不过欧洲国家资本和日本资本并未出现大规模涌向美国的迹象。

美联储在全球金融市场的影响力也在丧失。在过去几十年中美联储的行动一般是单方面的，行动后果是美国得利而各国不同程度的受损，国际金融和货币政策协调的前提是必须屈从美联储的意志。如今美联储在行动上却不得不考虑世界各大国央行的反应，各国央行的互动也就成了对美联储政策效果的冲击变数，美联储的单边主义越来越吃不开了。香港《文汇报》12 月 17 日报道，此次加息标志着美国长达 7 年的零利率时代落幕。美国经济仍未达至美联储理想的状态，令外界不再相信美联储调控经济的能力。市场同时担心美联储是否能有效把多年来注入的巨额流动性撤出市场，若有差池，恐会再次扭曲市场。

美国财政窘境和抛售美国国债的浪潮

10 月 28 日，美国国会众议院表决通过未来两个财年的政府预算案，这份议案放松了 2011 年《美国预算控制法案》对政府预算的限制，在未来两个财年提供额外拨款 800 亿美元以支持国内项目和国防支出，并将财政部发行国债的权限延长至 2017 年 3 月。参议院两党领袖已表示议案将于 11 月 3 日前在参院顺利过关。美债违约风险再度得以排除。

美国财政部此前已多次表示政府将在 11 月 3 日触及 18.1 万亿美元的天花板，呼吁国会及时提高美债上限。

美国财政赤字和年年提高国债上限，联邦政府再次处于关门边缘，美国的财政窘境周而复始。12 月 10 日，美国财政部公布的数据显示，11 月美国联邦财政赤字升至约 650 亿美元，同比增加 13.6%。赤字升高缘于部分财政开支增加。美国联邦政府的财政年度从 10 月起开始计算。2016 财年前两个月，美国联邦财政赤字总计约 2011 亿美元，高于去年同期 1785 亿美元。12 月 21 日，美国国会通过 1.15 万亿美元支出议案。上述议案将在 2016 财年增加 500 亿美元支出，使总支出预算超过"自动减支"设定的上限。自动减支是于 2011 年通过并于 2013 年生效的减支措施。这项议案的通过，避免了联邦政府在 12 月 23 日后发生停摆。

11 月 18 日，美国财政部发布的国际资本流动报告（TIC）显示，9 月美国前五大持有国均削减了美国国债持有量，其中中国大减 125 亿美元，将其美国国债的持有量降至 1.258 万亿美元，持有量创七个月新低；2 月以来，中国保持稳定的美国国债持仓水平，而在 A 股市场遭受攻击后减持美国国债。日本大减 199 亿美元，将该国的美国国债持有量减至 1.17 万亿美元，持美债量创近两年新低；在成为美国国债最大外国持有者几个月后，日本调转方向，其美国国债的减持规模逾两年之最。

12 月通过的预算案只是一个财政支出法案，由于美国花钱的地方多，即便编列再大的支出预算也不足为奇；但蹊跷之处在于，收入法案语焉不详。财政收入的第一个来源自然是税收；在美国商业活动大幅下降的情况下，政府税收的税基必然缩减，加之美国政府持续的减税倾向，意味着美国的税收收入每况愈下。

政府财政收入第二个来源就是销售国债。美国的五大国债持有国也是全球最有能力为美国政府提供融资的国家，但是这些国家鉴于美国恶劣的经济和财政状况，采取了减持而非增持的态度，这就意味着美国政府即使新发行国债，也未必能够在海外找到足够的买主。在美联储加息、美国百姓储蓄率极低的前提下，美国国债的国内买主也可能是美国大公司和财团。其实按照这些大公司和财团上百年的财富积累，弥补赤字的融资额不过是区区之数。不过核心问题在于，这些华尔街财团的钱是拿来赚钱的，没有附带的商业利益或者通过美国政府行为获利，想让华尔街拿钱为美国经济危机、债务危机和公共消费埋单奉献，给美国政府打水漂，是绝无可能的。近年来美国两党在财政预算案上长期争斗不休的表象背后，是华尔街各个财团要求对手承担责任和多出钱、竭力避免自己成为冤大头。

最后的来源是美联储为美国财政部垫款。在全球"去美元化"进程继续深化的背景下，美联储 QE 在三轮后被迫中止，也就是为了维持全球市场对美元的信心和维持美元本位制。美联储通过给美国财政部垫款重启 QE，意味着美元迅速转入贬值轨道，加速走向崩溃。美国在金融上面临一个死结：美国发行国债并且美联储为财政垫款，到全球抽吸资源，就会损害持有美元者的利益，引发全球市场对美元的进一步不信任，担心成为美元最后的接棒者。而这种不信任又会导致全球"去美元化"的步伐加快，更多人和企业加入抛弃美元浪潮。

对俄金融支持和战略策应

当今的大国战略博弈从政治军事层面扩展到了经济金融层面，金融手段作为一种重要的战略竞争手段，同样被世界各国采用，成为战略博弈的有机组成部分。2015年，我国在金融上在对美国采取收紧策略、遏制美国国家能力和全球战略能力的同时，却对俄国进行金融支持，部分提供俄国急需的外汇。

据参考消息网3月30日报道，中国准备向俄罗斯首条高速铁路——莫斯科至喀山高铁建设投资3000亿卢布，其中500亿卢布作为公司法定资本投入，它将用于落实项目，另外2500亿卢布以中国各银行贷款的形式提供。根据俄罗斯政府的计划，这一高铁项目全程770公里，总投资1.068万亿卢布（约合178亿美元）。

11月17日，俄罗斯石油公司披露的财务报表显示，这家最大的俄罗斯石油企业第三季度收到了9965亿卢布（约972.6亿人民币）的石油预付款。根据2013年双方所签订的政府间协议和石油交易合同，俄罗斯将在25年内向中国增加供应3.6亿吨原油，每年大约不到1500万吨，合同总金额高达2700亿美元；普京总统当时曾透露，中国要支付的预付款金额高达700亿美元。在西方对俄罗斯实施制裁之后，俄罗斯企业更难融资借贷，中国的这笔巨额预付款是乌克兰危机爆发后俄罗斯企业所获得的最大一笔海外资金。

12月18日，俄远东发展部与中国发改委在俄总理梅德韦杰夫访华框架下签署了两国在俄远东的地区生产与投资合作备忘录。31日，俄罗斯远东发展部长亚历山大·加卢什卡向卫星新闻通讯社表示，中国投资占远东超前发展区申请投资总额的40%；远东发展部共获得了87份要求入住超前发展区的正式申请，申请投资总额为2833.78亿卢布（约合38.6亿美元），其中总额为2468.47亿卢布的50份申请已被批准。签订16份协议的总金额1644.6亿卢布。

在习总访美前夕的纪念抗战胜利阅兵式期间，中俄明显达成谅解，此前中国支付能源预付款和向俄国远东投资，不仅在一定程度上扶植了俄国经济，而且俄国因此获得融资。而俄国在叙利亚反恐的几个月中，美国政府却濒临关门的处境，美国的战略反应能力因财力拮据而大受限制。

结语

美国经济金融化意味着美国资本占据全球市场体系的金融高端和企图掌控全人类的财富分配权，这是美国资本运行美元本位制的利益实质。世界金融市场的大幅波动和动荡因此成为美国金融资本运用高杠杆进行金融市场投机、获取暴利的必然要求，美国金融资本借此频繁发动金融战。2014年年中以来，美国裹挟沙特操纵国际石油价格暴跌、通过石油武器对俄国和伊朗战略施压的一个后果是欧佩克组织开始分崩离析，加之中国推出人民币汇率指数后人民币与美元脱钩，两者共同导致了美元在世界商品市场的基础逐步瓦解。而在国际金融领域，2015年的金融战则造成了美元全球投放和回流机制的梗阻，美国本土金融市场部分陷入空转，美国经济和就业的复苏也就遥遥无期。全球"去美元化"进程继续发展，美元本位制处于逐步裂解之中。

（清湖渔夫：原名熊忆夫，一个社会底层的草根知识分子，位卑未敢忘忧国。希望自己的思考能够成为这个民族的一点星火，和众多的爱国者一起共同忧思，汇聚成民族崛起的思想火炬。）

建设"社会主义有组织的市场经济制度"

余云辉 / 文

没有伟大的理论就没有伟大的实践。经过三十多年改革开放的实践和探索，中国的经济理论已经到了需要反思、创新、突破的时刻。过去三十年中国经济制度的特征是什么？未来三十年甚至更长时间，中国应该选择怎样的经济制度？这是中国新时期经济理论必须回答的首要问题。

经济制度不是孤立的存在，而是与国家经济发展的目标追求和政策体系构成有机的互动的整体。目前中国诸多经济问题和经济乱象主要起因于经济发展目标定位的失误。经济建设目标定位的失误又导致经济制度选择的失误。目标定位和经济选择的失误，最终表现为政策体系的混乱、矛盾和失误，经济政策体系缺乏层次性、系统性、长远性和预见性。目前中国经济已经步入进退维谷、左右为难、举步维艰的困境之中。这是目标、制度与政策三个层面的问题长期累积的结果。因此，全面解决中国经济问题也需要从中国经济的目标、制度与政策三个层面寻求正确的方向和对策，需要经济理论总结和经济制度创新。

经济发展目标的定位

新中国成立以来的前三十年，中国经济发展主要以质量指标为目标，如以实现四个现代化作为发展目标；改革开放后三十年，主要以数量指标为目标，如主要以 GDP 增长、人均收入、引进外资、外汇储备等作为目标。以追求数量增长为目标的制度选择和政策导向，造成经济结构畸形、增长质量下降。中央提出"调结构"的发展思路实质上是表明：后三十年经济发展的结构出问题了。"结构决定性质（而不是数量决定性质）"，这是一个基本的哲学命题。经济结构出了问题意味着经济性质出了问题。

但是，近年来"调结构"的思路并没有达到预期的成效。这是因为"调结构"意味着生产结构、分配结构和消费结构的调整，这需要目标导向、制度选择和政策配套的全面调整，否则，经济结构必然继续恶化，最后以经济社会危机全面爆发的方式来完成强制调整和平衡。这将是中国发展的悲剧，也是全国人民不希望看到的。

为此，中国经济发展必须由追求 GDP 等数量指标的增长转变为追求经济质量指标的发展，把"实现工业、农业、国防和科技的现代化"重新确定为中国经济发展的目标。社会经济发展目标不容试错和多变。

中国百年强国梦的基本内涵是追求和实现工业化，并在工业化的基础上实现国防现代化，改变落后挨打的局面。但是，在中国追求工业化的过程中，人们在思想认识上并没有完全理解世界各国工业化的本质内容，因此，工业化追求成为"画虎成猫"的"伪工业化"，变成"招商引资化""世界工厂化""经济特区化""开发区化""房地产化""城市化"和"城镇化"的追求。

通过分析英、法、美、俄、日等实现工业化国家，可以将新型工业化或工业现代化的内涵及其衡量标准归纳为：

1. 每一个产业的龙头企业由本国资本控制，本国资本控制着产业链的主要环节，并拥有产业发展的主导权；产业发展的主导权不受外资控制。

2. 本国装备工业部门可以提供各行各业开展工业化生产所需要的核心装备和核心技术；这些核心装备和核心技术不受外国政府和企业的控制。

3. 本国所有的工业部门和企业拥有强大的技术创新机构并形成可持续发展的技术创新能力，拥有世界范围内的技术创新主导权。

4. 本国产业部门的主要企业拥有国际和国内各类原材料采购的控制权和产品销售的定价权，他们牢牢控制着国际和国内的各层次流通渠道；各种流通渠道和商品定价权没有被海外资本所控制。

5. 生产领域和流通领域创造的财富以利润、工资、利息和税收的形式主要由本国资本、劳动者、金融机构和政府拥有，而不是由海外资本和海外组织所拥有。

6. 本国资本控制的工业企业具有良好的国防装备生产能力；民用工业与国防工业之间拥有较强的转换能力；国防工业实力强大。

7. 金融监管部门、金融市场和金融机构可以为国家实行工业化和国防现代化提供强大的金融支持，金融服务效率高，金融监管水平高。

8. 本国政府牢牢掌控着国家经济的"顶层权力"；本国的基础货币发行权、汇率定价权和资产定价权不受外国政府和金融集团的操控。

对照上述每一条标准，目前中国的经济发展水平和工业化水平与真正的工业化国家之间都存在着很大的距离，甚至还在不断拉大着某些距离。

因此，未来中国经济的发展思路，首先需要明确目标和方向，需要明确工业化国家的标准和内涵，抛弃一切"伪工业化"的花拳绣腿，追求中国真正的工业化和工业现代化。满足上述标准的工业化或再工业化，必然同时意味着科学技术的现代化；工业现代化和科技现代化必然带来国防现代化，同时为农业的现代化提高坚实的物质基础。中国经济制度的选择和政策体系的设计必须服务于中国的工业化和现代化。

中国经济制度的选择与升级

国家的经济体制是基于经济目标与制度现实的综合和选择。不同历史时期的经济社会现实、不同的经济目标追求，必然产生不同的经济制度选择。在新的历史时期里，中国需要提出新的经济理论和新的制度模式，以解决现实的经济社会问题。

中国新时期的经济制度模式应该定义为"社会主义有组织的市场经济"，其中，"市场经济""组织化"和"社会主义"构成这一经济制度模式的三大要素。

一、关于"市场经济"

中国新时期的经济制度必须属于市场经济的范畴，不能倒退到计划经济领域。这是基于中国经济社会运行现状的选择。在新的历史时期，市场经济的契约精神、竞争特征、法制原则不仅要全面体现于经济的组织化过程，而且要深刻地渗透到社会主义性质的企业群体的管理模式与授权模式之中。

二、关于"有组织的市场经济"

市场经济区分为"初级的、无序的、非组织化和非法制化的市场经济"和"高级的、有序的、高度组织化和法制化的市场经济"。前者简称为"欠组织的市场经济",后者简称为"有组织的市场经济"。

可以说,中国过去三十年推行的市场经济模式属于"低级的、无序的、非组织化和非法制化的市场经济"。这是中国市场经济的1.0版。中国发展 1.0 版的市场经济,首先通过推行家庭承包制敲碎了中国农村的基层经济组织——人民公社,而不是把人民公社普遍改造为类似于华西村一样的农民从事商品生产与经营的合作组织——农民合作社和生产企业;其次,通过开辟经济特区、引进外资、给予外资企业超国民待遇,以不平等竞争的非市场经济手段和做法,冲击仍然处于计划经济体制下尚未转型的国有企业体系。中国经济由高度组织化的计划经济时代进入了无序的、法如虚设的、不平等竞争的市场经济低级阶段。这个过程也是中国工业经济领域"去组织化"的过程。

中国农村和城市的改革过程是市场经济从计划经济母体艰难诞生的过程。改革开放的三十年包括两方面的内容:改革的三十年是培育"市场经济初级阶段的国内各类经济主体"的三十年,开放的三十年是引进"垄断资本主义阶段的跨国垄断资本经济体"的三十年。在发展市场经济的初级阶段,中国并没有学习英国、法国、德国、日本和美国在工业化初期所普遍采取的贸易保护主义政策,而是大开大放,引进了跨国垄断资本。这些以现代金融和国际资本市场为后盾的跨国垄断企业与国内处于市场经济初级阶段的内资企业形成了类似于"洋枪队"与"义和团"之间的非对称的经济竞争。海外跨国资本迅速控制了国内产业链的核心环节,并占领了国内各个领域的主要市场,获取了产业利润的主要份额。其实,发展市场经济的改革没有错,假如在等待国内经济发展成熟之后,再引进跨国资本、再对外开放,也不会错。

但是，在国有经济没有成功转型并且国内民营资本没有走向成熟的情况下，采取"改革＋开放"的政策组合和"以开放促改革"的急躁策略就产生一系列经济问题和社会后遗症。

改革开放三十年之后，中国形成了国家资本、海外资本和民营资本并存的经济结构。这构成了中国市场经济的 1.0 版。当前经济社会一系列矛盾的集中爆发表明：这种初级的、无序的、非组织化的、非法制化市场经济制度已经走到了历史的尽头。当前，中国不仅面临着产业结构的升级，而且面临着经济制度的升级。中国经济制度亟须再次飞跃和变革，即由"市场经济 1.0 版"升级为"市场经济 2.0 版"；由"初级的、无序的、非组织化和非法制化的市场经济"，升级为"高级的、有序的、高度组织化和法制化的市场经济"，并通过建设高度组织化和法制化的市场经济体制来实现中国真正意义上的工业化和现代化。

三、关于"社会主义有组织的市场经济"

中国经济制度的升级，即由"无序竞争的市场经济"发展到"有组织的市场经济"必须回答一个问题：中国发展"有组织的市场经济"究竟应该由谁来充当市场经济的组织者和主导者？

究竟由本土资本（包括国有资本和民营资本）还是由海外资本来充当中国经济的组织者和主导者？这决定着中国经济是独立自主性质的经济体还是对外依附的殖民地性质的经济体。如果中国"有组织的市场经济"是由海外资本和跨国垄断企业充当组织者的角色，由美国政府、美国国会和跨国金融组织掌控着中国经济的顶层权力（即人民币基础货币发行权、人民币汇率定价权和人民币资产定价权），那么，中国必然沦落为对外附庸型的殖民地性质的经济体，中国一切现代化的努力必然成为泡影。由海外资本和海外政治势力主导和组织起来的"有组织的市场经济体系"只能使中国沦为拉美化和殖民化的国家。这种"有组织的市场经济制度"无法完成中国的工业化和现代化事业。可见，中国"有组织的市场经济"只能选择本国资本来充当市场经济的组织者和主导者。

中国的本国资本根据其权属关系可以区分为国有资本和民营资本。究竟由国有资本还是由民营资本充当中国"有组织的市场经济"的组织者和主导者？这是区分这一"有组织的市场经济"属于社会主义性质还是属于资本主义性质的分水岭。

在现阶段，中国的民营资本的单体规模、技术水平、管理能力都远远逊色于国有资本；民营资本的竞争力也远远落后于海外资本。从民营企业家携带着各自的资产出现在中国的移民潮中，可以看出，中国当代民营企业家对于国家和民族的忠诚度和爱国主义精神还远不如明治维新时期的日本企业家。如果中国民营资本的物质力量和精神力量还不足以主导中国经济，那么，中国就不具备发展由民营资本主导的"资本主义有组织的市场经济"的客观条件，而只能选择由国有资本来主导和组织中国经济这一制度模式。这种由中国国有资本主导的"有组织的市场经济"必然属于社会主义性质的经济制度，因此，应该称之为"社会主义有组织的市场经济制度"。

在民营资本实力还不具备全球竞争力的情况下，面对对外开放所迎来的全球跨国资本的竞争压力，只有国有资本具备与国际跨国垄断资本抗衡与竞争的实力。国有资本忠诚于国家。为了实现中国经济与社会的现代化建设，坚持独立自主的政治、经济和外交政策，中国必须选择由国有资本主导的"有组织的市场经济模式"。这就是"社会主义有组织的市场经济制度"。

在民营资本无法主导中国经济的情况下，如果压制国有资本的发展壮大，那么，中国经济的主导地位必然让位给海外跨国资本，必然使中国经济丧失独立自主性。因此，在现阶段，我们对一切旨在打击国有资本壮大、限制国有企业发展的舆论和政策都应该保持警惕并予以纠正。

总之，历经改革开放三十多年的发展，中国的市场经济体制必须由初级的、非组织化和非法制化的市场经济体制，升级为高度组织化和法制化的市场经济体制，升级为以追求中国工业化和现代化为目标的、由国有资本主导的"社会主义有组织的市场经济制度"，避免中国经济结构拉美化和经济性质殖民化。

因此，中国经济发展的内涵并不是简单地保持经济总量的数量型增长，而是要完成"以实现工业化和现代化为目标"的生产结构调整、分配结构调整和消费结构调整；是要完成市场经济制度由"初级的、无序的、非法制化的市场经济制度"升级为国有资本主导的"社会主义有组织的市场经济制度"。中国必须走、也只能走"社会主义有组织的市场经济"发展道路。

中国经济政策的精气神

自改革开放以来，中国的经济政策具有三大缺陷：一是缺乏层次性，即，宏观政策、行业政策和微观政策之间缺乏分层与衔接；二是缺乏系统性，即，政策出自部门，往往以部门利益为导向，政出多门，彼此冲突，没有系统性和全局观；三是缺乏长远性和预见性，朝令夕改，宏观调控调个不停，各个经济体难以形成合理预期而只好选择投机。究其原因，这是因为中国的经济政策没有体现中华民族的百年梦想、没有体现共和国的宏伟目标、没有体现国家经济制度的本质精神之结果。

这里我们需要深入思考的问题是：中华民族的理想是什么？现实生活中人们血液中流淌的信念是什么？政府部门确立的经济发展目标合适吗？GDP 总量、人均收入和小康目标能否代替工业化和现代化的目标？中国真实的经济制度是什么性质？是社会主义性质还是资本主义性质？中国经济是独立自主经济体还是买办权贵主导的经济金融殖民地？如果上述问题没有正确和明确的答案，或者回答问题口是心非，心存狐疑，那么，中国的经济政策怎么可能做到具有层次性、系统性、长期性和预见性？

只有明确中国的国家目标是实现真正意义上的工业化以及在此基础上实现农业、国防和科技的现代化，只有明确中国实现现代化的经济制度保障是"社会主义有组织的市场经济"，那么，中国的经济政策才能找到聚焦的方向，才能体现出"市场经济""有组织"和"社会主义（国有资本主导）"这三重制度性内涵的"精气神"。为此，我们需要在政策层面上做好以下工作：

第一、明确经济发展的目标定位。中国经济发展的方向仍然是实现"四个现代化"，仍然是追求工业化和现代化。当前需要根据新型工业化的八个标准，制定中国"再工业化"的目标和政策，并以此纠正城镇化、城市化、开发区化、房地产化和世界工厂化等各种追求低质量 GDP 增长的做法。

第二、整顿和重建市场经济秩序。建设中国国内统一市场是发展市场经济的基础性工作，这需要拿出类似于秦始皇"统一文字、统一度量衡"的决心。为此，需要取缔各地各种税收优惠、土地优惠、排污优惠以及违规免罚优惠，同时，执行统一的处罚标准。各种政策性优惠是对其他地区和其他企业的歧视，也是对正常经济决策的干扰。各级政府在经济领域的首要工作不应该是招商引资和追求 GDP 增长，而是维护市场经济的秩序和社会制度的权威。

第三、对地方司法机关（法院）和地方环保部门实行中央垂直管理。目前地方党委政府集行政、立法、司法于一身，无异于封建诸侯。诸侯割据，国无宁日。中国司法的黑暗和环保的无能，制造了大量的经济问题、环境问题和社会问题。这些问题已经严重地影响着经济发展、社会稳定和执政党地位。但是，这些问题不是出自共产党执政和社会主义制度，而是出在中央没有对地方司法和地方环保实行垂直管理。司法和环保必须独立于地方的权力和利益。没有司法系统和环保系统的垂直管理，就没有法制和秩序可言，就不可能建立有序的、法制化的市场经济制度。这比大部制改革更紧迫，也更重要。这一点应该向德国学习。

第四、推动中国经济走向组织化和有序化。

在农业领域，应该通过农业财政补贴的引导，把农民重新组织起来，让农民协会、农业合作社和各类互助组织代替农民个体户；同时，国家资本应该投入建设覆盖中国广大农村的种子农资供应网、粮油和主要农产品采购网、科技与培训服务网、农业保险与低息贷款服务网，等等；利用现代连锁经营技术和互联网技术，把中国农业重新引领到组织化的道路上，以便提高农业生产效率、避免海外资本对中国农业的渗透和掌控，并提高农民与国内外产业资本的议价能力。

在工业和商业领域，应该发挥资本市场配置资源和整合企业的作用。"现代市场经济"不是"商品市场主导的市场经济"，而是"资本市场主导的市场经济"。"社会主义有组织的市场经济"意味着国家资本和政府金融政策可以主导和调控国内资本市场，进而提高国内资本市场的法制化、组织化、有序化的程度，最终形成比国外资本市场更高的资源配置效率，使国内资本市场更好地服务于中国的"再工业化"和现代化的目标。中国的产业升级不可以依赖海外资本市场，更不能让海外资本市场主导和调节着国内产业的发展。

国内资本市场改革的方向不是向外资开放，不是让外资主导国内的资本市场，而是让国内企业松绑、让国内投资者松绑，是把国内企业的"资本自主权"和国内投资者的"投资自主权"从中国证监会官员手中交还给企业和投资者。把证券发行、上市、企业并购重组的责任和权力下放给保荐机构、审计机构和律师事务所。证监会和交易所仅仅承当资本市场游戏规则的制定者和维护者。证监会和交易所必须有效地避免上市公司资源流失海外。上市资源的流失等同于国家税赋资源的流失，等同于国内资本市场调控能力的丧失。

第五、国有资本需要主导国民经济体系中各个行业的开拓性投入，引领各个产业的科技创新，前瞻性地开拓国内外市场，把握产业上游重要原材料的控制权和产业下游主要商品的定价权。国有企业的主要职能并不是向国家财政提供利润。国有企业的核心职能与经济定位应该是开展前瞻性投资布局、引领科技创新、推动产业结构调整、与国际跨国资本展开竞争、控制国内外主要原材料来源、掌握国内外主要商品定价权、维护中国经济的整体竞争力、确保中国经济金融安全与政治稳定、推动再工业化和国防现代化。国家资本是主干，民营资本是枝叶，海外资本只能当作肥料养分，如果有害立即剔除。世界上任何一个发达国家，绝不可能让外资主导本国的主要产业。

第六、坚持正确的国有企业改革方向。国有企业是国有资本的载体，国有企业改革的方向和思路决定着国有资本的命运。国企改革的方向不是缩小规模、减少数量和退出竞争性领域。由于民营资本还不是海外资本的竞争对手，因此，国有资本退出竞争性领域将意味着让海外跨国资本抢占和统治中国经济的竞争性领域。无论国内市场还是国际市场，目前只有国有资本具备与海外资本展开竞争与抗衡的实力。发展"社会主义有组织的市场经济"必须坚持国有资本的主导地位并发挥其组织市场经济的作用。

国有企业的改革方向是把市场经济的竞争原则引进到国有企业的产权改革之中：（1）国有企业所有权与经营权分开。（2）所有权归于国家并以行政授权的方式授权给国资委；经营权应该以竞争的、投标的、信托的方式，授权委托给专业化的产业管理公司和资产管理公司进行管理。

国有资本和国有企业的管理体制必须引进市场竞争机制。国有企业经营班子应该产生于竞争性的市场，而不是产生于组织部和国资委的会场。国有资本和国有企业的管理体制要从行政性授权改变为信托化的、竞争性的、市场化的授权。只有把市场经济的竞争基因植入国有资本和国有企业的授权改革，才能使国有资本和国有企业拥有更强的竞争活力。

"社会主义有组织的市场经济"不仅意味着体现社会主义特征的国家资本需要组织和主导市场经济，防止中国经济无序化和殖民化，而且意味着市场经济的竞争精神和法制精神必须反过来渗透到社会主义内部、体现于国有资本的管理和国有企业的授权之中。

第七、中央政府必须牢牢掌控"中国经济的顶层权力"。当中国完成了计划经济制度向市场经济制度转变之后，中国经济顶层权力的内涵也由计划经济时期的产品生产计划权、产品调配权和产品定价权转变为市场经济时期的基础货币发行权、人民币汇率定价权和人民币资产定价权。基础货币发行权、汇率定价权和资产定价权之间形成复杂的互动的三角关系，构成市场经济的顶层权力体系。国家之间产业竞争、货币战争乃至军事斗争都是围绕着"经济顶层权力"的较量和争夺而展开。在美元热钱主导着中国的基础货币发行、美国政府主导着人民币汇率的运动方向、华尔街金融集团主导着国际大宗商品价格和国内资本市场走势的情况下，中国必须停止一切"国际金融大跃进"的冒险。"国际金融大跃进"是指：在中国尚未完成真正工业化和现代化的前提下，为了迎合国际金融与政治集团的战略利益，为了政府部门的政绩，以中国央行和外管局为首的金融管理部门所开展的金融豪赌。"国际金融大跃进"的内容包括不合时宜地企图设立 A 股国际版、发展股票期货和国债期货等做空平台、推动人民币国际化和推行资本项目自由化等。结合经济现实可以发现，在美国政府和国内专家的推动之下出台的人民币汇率改革，仅此一项就导致热钱失控、宏观调控失效、本币外升而内贬，这几乎摧毁了整个外向型产业部门。如果进一步推出资本项目自由化和国债期货做空平台等自毁金融长城的"国际金融大跃进"举措，中国经济必将坠入万劫不复的深渊。以全球化、国际化和改革开放名义推动的"国际金融大跃进"，其本质是推动中国金融企业与跨国金融巨头联盟之间、中国央行与美联储为首的西方央行联盟之间、中国政府与美国为首的政治经济军事盟国之间展开全面较量和竞争。这是一场力量悬殊、地位不对等的决斗。谁在怂恿这场决斗？他们的真实意图是什么？究竟是为了超越美国还是为了毁灭中国？中国必须对国内外一切鼓噪中国参与这场不对等决斗的舆论造势和政策建议保持警惕。

中国应该停止一切国际金融大跃进的举措，提高国际热钱进出中国的门槛，一方面严控热钱进入中国，另一方面严防热钱带着利润财富逃走，并通过经济金融政策的组合拳，逐步夺回中国经济的顶层权力。中国经济的顶层权力应该服务于中国的再工业化目标和现代化目标，应该服务于"社会主义有组织的市场经济制度"的建设，而不是服务于美国政府、美联储和华尔街。在美国及其盟国主导的国际金融市场上，水深莫测，巨鲨横行，中国应该向俄罗斯学习：谨慎些，再谨慎些。这才是大国成熟的表现。

第八、中国央行必须承当起稳定资产价格和稳定汇率的职责，这也是各国央行的核心职责。因此，中国央行也必须抓紧行动起来，推出"定向宽松货币政策"：通过合适的金融机构和金融工具，向农业、流通业、生态环保业、新型制造业、高科技创新型企业和国防科工企业实行"定向宽松货币政策"。既然美联储可以直接购买债券、压低利率、支持金融投机资本；那么，中国央行也可以借助金融机构和金融工具购买股票、参与定向增发、推高股票指数、支持产业资本和产业转型。参与全球货币与财富博弈，只要目标明确，即可兵无常势、水无常形。

在中国央行推出"定向宽松货币政策"的前提下，证监会应该给予积极的监管配合和制度创新，应该对农业、流通业、生态环保、新型制造业、高科技创新型企业和国防科工企业的发行上市、再融资、重组并购实行市场化的备案制，把这类企业的"资本自主权"归还给市场和企业。

实行市场化的备案制，降低股票融资和上市的门槛，提高资本市场的融资上市和并购重组的效率，并与央行的"定向宽松政策"相配合，才能提高中国资本市场的竞争力，才能推动中国经济的产业升级。

第九、在推出定向宽松货币政策的同时，向基金和个人投资者开征资本利得税。资本利得税是分配领域的重要税种，是调节社会财富、防止两极分化的重要手段。中国应该逐步降低生产领域的税赋比重，同时提高分配领域的税赋比重。开征资本利得税符合中国税赋结构的变化趋势。在海外热钱不断进入资本市场的情况下，开征资本利得税有利于均衡税赋、避免财富流失。股市的低点或发动行情的起点也是推出资本利得税的最佳时点。

中国经济发展和产业转型升级需要人民银行与证监会的配合，需要货币政策与资本市场的配合，其中，央行政策更具有主导性作用，也承担着主要的责任。在现阶段央行推出"定向宽松政策"可以一箭三雕，既可以增加定向货币投放、促进产业升级和转型、增加企业资本金和信贷能力，推动资本市场的市场化改革；又可以有效抑制人民币过度升值的趋势，避免出口企业进一步陷入困境，维护人民币汇率稳定；同时，由"定向宽松政策"所增发的货币拥有对应的股权资产价值，不会稀释全社会货币购买力，不仅不会产生通胀压力，相反，还会通过增加社会生产能力和产品供给而抑制通胀。总之，"决定货币效应的因素并非货币的数量，而是投放的结构"。

总结

三十多年的改革开放实践把中国经济带入了深水区。这里已经无法摸到过河的石头。为了保护经济成果、克服经济困难、摆脱内外困境、实现中国的工业化和现代化之梦，我们需要重新提出中国的工业化与现代化追求，需要明确真正实现工业化的衡量标准；为此，我们需要在总结过去发展市场经济的经验与教训的基础上，进一步明确中国特色社会主义经济制度的内涵和选择，把建设"社会主义有组织的市场经济制度"作为实现中国经济之梦、强国之梦的制度保障。在明确了中国生产力的发展方向和中国生产关系的制度特征之后，重新梳理和调整中国的内外经济政策和经济管理体制，使之具有层次性、系统性和预见性。中国未来的经济政策必须充分体现"社会主义有组织的市场经济制度"的特征与优势，并服务于中国的工业化和现代化。这样才能使经济政策体系具有明确的目标指向和制度灵魂，避免经济政策被个人利益、地方利益、部门利益和海外利益所误导和绑架。

（余云辉：厦门大学经济学博士，毕业后进入证券行业，拥有 15 年的证券从业经历，曾担任海通证券投资银行部高级项目经理、投资银行部副总经理、基金部副总经理、交易总部总经理兼战略合作与并购部总经理、德邦证券常务副总裁、总裁等职务。现为中材国际独立董事、新华社特约经济评论员、厦门大学金融系客座教授。）

后 记

2006-2016年，旨在传播民间思想，为国家建言献策的公益网站——草根网（caogen.com），走过了整整10年。

10年间，有600多名海内外学者在草根网开博，累计发表文章近8万篇；有注册评论员近1.2万名，发表评论71万多条。军事战略、财政金融、房产股市、教育医疗、三农改革、环球扫描、文化传承……在国计民生各大领域，草根学者都集体发声，共绘思想盛宴，共奏时代强音！

如今，摆在读者面前的这部书，就是凝聚草根智慧的经济类原创。

十年磨一剑，练就了安邦治国的思想重器。位卑未敢忘忧国，没有"中国心"，哪来"中国梦"？草根不是一种身份，而是一种立场。

网络时代，大V、大咖们拥有丰富的社会资源和广泛的话语权，草根阶层需要自己的代言人。草根学者的责任就是站在大众立场上，为天地立心，为生民立命，为往圣继绝学，为万世开太平！

来自民间的思想，也许比较简陋、粗糙，难登大雅之堂，却每每另辟蹊径、不拘一格，令人脑洞大开。草根学者的研究，大多是非功利性的，他们坚持独立思考，耐得住寂寞，经得起推敲。

华夏复兴正值关键时期，我们面临前所未有的机遇和挑战。来自全球各个行业、领域的草根学者，百家争鸣、竞相献策……然而，相对于主流精英，民间学者的知名度、受关注度比较低，路漫漫，其修远兮！

草根也能长成国之栋梁，因为有根。

当今时代，网络上充斥过度娱乐、庸俗的海量信息。而在草根网这片"绿洲"中，很多不计个人得失，以天下为己任的"逆行者"，共同关心国家大事，探讨民生热点。

作为一个开放、包容、理性的网络平台，我们将不忘初心，始终致力于思想的启蒙和传播；致力于社会的和谐与团结。

本书编辑过程中，得到新华出版社和广大草根学者的鼎力支持，姚卜成博主热心作序，在此真诚致谢。特别要感恩余云辉先生，他的策划指导与慷慨解囊，让本书得以顺利面世。

本书是草根思想系列的开山之作，草根网计划在今后推出更多主题作品。汇聚民间智慧供决策者参考，最终转化为全社会的精神、物质财富，这是我们共同的心愿！

郎洌

2016 年 9 月于杭州